依頼の 絶えない

コンサル・士業の
仕事につながる
人脈術

Address,Phone,Fax
Mail,http//
Twitter,Facebook
J

東川 仁 Higashikawa Jin

同文舘出版

はじめに

こんにちは、経営コンサルタントの東川仁です。勤めていた金融機関の破綻をきっかけに、私は２００３年に「資金調達コンサルタント」として独立しました。今でこそ中小企業診断士という資格は持っていますが、取得したのは独立6年目。開業当時は資格もなく、コンサルタントとしての経験もなく、人脈もなくお金もないという、ないないづくしの状況でした。とにもかくにも自分のサービスを利用してくれる顧客を見つけるのが最大の課題。本書を手に取っているあなたも、きっと独立開業している専門家でしょう。お互い、顧客の獲得には頭を悩ませますね。

さて、コンサルタントや士業が仕事を獲得するためには、「自ら見込み客を開拓する」「インターネットで集客する」「セミナーで見込み客を集める」「知り合いに顧客を紹介してもらう」などの方法がありますが、「まず人脈！」と考えた独立当時の私は、人と出会えるあちこちの場に顔を出しました。

異業種交流会にはよく行きました。数打ちゃ当たるとばかりに、ひたすら名刺を配りまくりました。目的は、顔を広くすること。別の場で会った人と再会してもほとんどスルー、それより新しい人たちと知り合うことに奔走していました。私が欲しかったのは「私のサービスを利用してくれる顧客」か「私に仕事を紹介してくれる人脈」だったのです。それがどんな人なのか、あるいはどんな関係だったら紹介してもらえるのかにまったく思いが至らぬ、未熟な人間でした。「欲しい」ばかりの利己的な目的が見え透いていたのでしょう、どんな交流会に行っても仕事につながることはほとんどありませんでした。

それでも何とかここまで事業を続けてこられたのは、自分の乱暴な人づき合いのせいで頭を打ち、痛い目に遭い、恥をかき、笑われ、それでもなお指摘・指導してくれる心あたたかな人々に恵まれたからです。人間関係をうまく築き、顧客や仕事を数多く周りから紹介してもらって事業を軌道に乗せているそんな人々をよく見ていると、3つの共通点があることに気づきました。

①メールよりネットより、面談や電話

メールももちろん使うのですが、その人々は知り合った相手と接触するツールとして直接面談や電話を積極的に活用しています。メールにはタイムラグがあり、また一方通行ですが、

面談も電話も「その場」で「双方向」。交換する情報量は多いのですが時間も手間もかかりますから、けっして「数打ちゃ当たる」じゃない。「その他大勢」でなく、「自分」を大切にしてもらっていると実感できるその対応は、1対1の関係を重視する気持ちから生まれています。

②知り合った相手と、4～5回は会う

4回だ5回だと回数を決めているというよりは、その人々は相手と会う回数を何度も重ねることを大事にしています。「会う」→「相手の記憶に残る」→「興味を持ってもらう」→「ようやく仕事に関する深い会話に至る」という順番を守り、関係もできていないのに目的（自分のアピール、仕事の紹介を頼むなど）を押しつけたりしません。何度も会うことが親密な関係の基礎なのです。

③待つのではなく、自分から人に会いに行く

たとえば交流会などの場。人からの紹介で仕事を軌道にのせている人々は、どんなに売れっ子でも自分から挨拶に行ったり名刺交換をしています。相手が来てくれるのを待ったりしません。またフットワークも軽く、出会った相手の企業や事務所をよく訪問しています。相

手のフィールドに入ると距離が縮まることをよく知っているのです。また、再会のためのノウハウをいくつも積み上げてきたのだろうと思います。

読者の皆さんの中には、営業が苦手な人、他人と話すのが得意でない人も多いと思います。また、かつての私のように、会うのは平気でも関係を育てる方法を知らない人もいるでしょう。もちろん私もまだ修行が足りない身ですが、そんな人々が気後れせず人に会えるようになり、互いに信頼し合える関係を構築できるようになるヒントを、知っている限り多く揃えました。本書があなたの顧客獲得の一助になれば、とてもうれしいです。

東川　仁

1章 人脈が広がる場の見つけ方

2章　事前に用意・見直ししておきたい必須ツール

3章　意中の人ともう一度会うための　初対面でのふるまい方

4章 スムーズに再会できるアポ取りのコツ

5章 2度目の対面、何を話すか？ 仕事につなげるトーク集

6章 あと一歩！関係をグッと深める10アクション

7章 仕事の「紹介」がグンと増える！　見過ごしがちな7アクション

10章　立場別・お近づきになる方法

カバーデザイン　上田宏志（ゼブラ）
本文デザイン・DTP　株式会社明昌堂

1章

人脈が広がる場の見つけ方

「仕事につながる」人脈とは？

開業士業やコンサルタントが求める人脈とは、「あなたの提供するサービスを利用してくれる人」「顧客になりそうな人を紹介してくれる人」「よい情報をもたらしてくれる人」「一緒に動いたり成長したりできる人」。つまり、直接、または巡り巡って「仕事につながる」人脈です。詳しくは10章で説明しますが、簡単にいえば次のようなものです。それぞれの特徴を意識しておつき合いを続ければ、あなたの仕事は大きく広がるでしょう。

中小企業の経営者　直接顧客となってくれる人です。

商工会や商工会議所の担当者　セミナーや相談などの仕事がもらえる相手です。

同業の先輩・後輩（タテ人脈）　互いの不得手な分野を補いながら顧客を紹介し合える関係です。私も中小企業診断士の資格を取得したばかりのとき、先輩の診断士から多くの仕事を紹介していただけましたし、キャリアを積んでからは後輩診断士のお手伝いとして数々の企業を訪問しています。

キャリアが同程度の異業種の方（ヨコ人脈） 同期ともいえる気安さから、セミナーや勉強会へ一緒に参加したり運営したり、ともに成長し合える仲間。異業種で仕事領域がかぶらないので、互いの顧客を紹介しやすい関係でもあります。

キャリアの長い異業種の方（ナナメ人脈） 人脈が広く、仕事を紹介してくれやすい相手。紹介してもらえるのは下請けでなく、顧客と直接関係が結べる正式な仕事です。

とくに注目すべきは、ナナメ人脈。 私が独立してすぐのころ、ある税理士さんから、顧問先と銀行との間に立ってリスケ（毎月の返済額減額）交渉をしなければならないという話をお聞きしました。しかし彼は銀行との交渉は未経験です。どうすればよいかわからず悩んでいたので、資金調達をセールスポイントとしていた私から少しアドバイスさせてもらったところ、「直接話してみては」と、その経営者を紹介してくださいました。結果、銀行との交渉をするためのコンサルティングを請け負うことになり、そのリスケも無事成功。同様の相談を多く抱えていたその税理士さんも大喜びで、他の顧客のリスケ案件を数多く回してくださるようになりました。ヨコ人脈も同様ですが、**異業種の人々からは「専門じゃないので全部お任せ」**と、下請けではない正式依頼の仕事を紹介してもらいやすいのです。

「同僚」のような気の置けない仲間づくり

独立した士業やコンサルタントはひとりで仕事をすることが多いのですが、日々の業務や将来についての不安や悩みを相談できる「同僚」のような存在がいると心強いものです。同業・異業種にかかわらず年齢やキャリアの近い同期仲間なら、気軽に連絡が取りやすいのはもちろんのこと、相手が頑張っているのを見て自分のやる気に火が付くなど、メリットがいっぱいです。たとえ自分がコミュニティの中心でなくても、所属しておくだけで仕事に有用な情報や懇親会の誘いが流れてきたりして、孤独を感じることも少なくなるでしょう。

士会登録時の歓迎会や勉強会などで同業者と知り合おう

税理士なら税理士、社労士なら社労士と、各士会主催のイベントで同業者と出会ったら、その後も連絡が取りやすいようＭＬ（メーリング・リスト）を起ち上げたり、ＳＮＳで交流を続けていくようにしましょう。年齢やキャリアが似たような人々なら互いに仕事の悩みもよくわかるので、親身になって相談に乗ることができます。

また、同業でも地域が違えば顧客を取り合うことがなく、気兼ねなく成功事例をシェアしてお互いのビジネス力を強化していけるでしょう。さらに、専門性の棲み分けができていれば、仕事の紹介・提携も可能です。「オールマイティな専門家集団」として、仕事を得るチャネルを広げることができます。

商工会や商工会議所が開催している「創業塾」にはぜひ参加を

創業塾に参加すると、ほぼ必ず受講生たちが自分たちのコミュニティをつくります。たいていの場合、ＭＬを起ち上げるのですが、「独立しました」「お店をオープンします」といった近況も流れてくるので、読むだけでも「よし、自分も！」とモチベーションがアップします。また、飲み会の呼びかけには同窓会気分で多くの受講者が参加する傾向があります。そこで仕事の紹介・依頼が起こることもよくあるので、創業塾のみならず勉強会など、かつて参加した組織やイベントのコミュニティにはできる限り所属しておきましょう。

人脈づくりのためにどんな出会いの場があるのか、まずはざっと見てみましょう。

勉強会

コンプライアンス事情、未払い賃金、集客テクニック……。テーマに強い興味を持ち、積極的に学ぼうとするメンバーが集まるので、強いつながりが生まれやすい場です。「売りたい」より「学びたい」人たちが集まっている上に、参加人数が比較的少ないこともあって、お互いのことを深く知り合うことができる好機です。誰かが行なう勉強会に参加するのもおすすめしますし、ごく数人に限定した小規模の勉強会を自分で主催してもいいですね。

ビジネス系の学校

社会人が通う資格取得のためのビジネス系学校では、受講者の目的意識が強く、さらに「同級生」的な仲間意識も生まれるため、その後、長いつき合いになりやすいものです。私も中小企業診断士資格取得学校に通っていた当時の仲間とは10年近く経った今でもつながりがあり、相談が入ってきたり仕事につながることがしばしばあります。

人脈づくりの場はこんなにある！①

異業種交流会

私の経験では、異業種交流会はどちらかといえば「短期的な得を求める」「いま売りたい」人の参加が多く、多数とは知り合えるものの、本当に出会いたい人がいるかというと難しい印象です。しかしシャイで引っ込み思案を自認する人なら、こういう場に足を運ぶのも大いに勉強になりますし、他にも参加のメリットはあります（詳しくは32ページ）。

講演会・セミナー

「このテーマの話を聞きたい」「この講師に興味がある」など価値観の似た人々が集まるので、互いに高め合える人脈が比較的つくりやすいはずです。しかし参加者同士が交流する場が用意されていないケースが多く、せいぜい隣の席の人としか会話ができないのが難点です。「これは」と思う人と出会えたなら、講演会の直後に場所を変えてじっくり話したり、後日になったとしても、なるべく近いうちに再会するようにしましょう。

出会いの場はまだあります。手近なところ、肌に合いそうな場を見つけてください。

二次会・懇親会

お酒の席で仕事が決まることはよくあり、実際に私も、二次会や懇親会の席で仕事をいただくことも多いのです。しらふの時には会話がぎこちなくても、お酒が入ると深いことまで伝えたり尋ねたりしやすくなるのだと思います。もちろん下戸なら、無理に飲むことはありません。リラックスした雰囲気を楽しみながら、参加者との交流を深めましょう。

ビジネス以外の趣味の学校・サークル

オン・オフのメリハリをつけてモチベーションを保つためにも、仕事に関するコミュニティだけでなく、プライベートな趣味などのコミュニティにも参加しておきましょう。同じ趣味を持っている人たちが集まっているため、互いに仲よくなりやすい場です。自分の仕事を紹介するとその場で相談されたりして、口コミで広がって意外なところから仕事につながることも少なくありません。私は「食べ歩き飲み歩きの会」「ダイビングサークル」などで仕事と関係ない話を楽しんでいますが、これらの趣味コミュニティから仕事の依頼が来ることもあります。ただし仕事を目的としない・仕事を持ち込まないことが不文律となっていることが多く、過度のアピールは禁物です。節度を持って接しましょう。

人脈づくりの場はこんなにある！②

各種イベント

展示会や見本市などは多くの人々が集まる場。一方、一度に多くの人々と名刺交換をする機会でもあるため、出会ったとしても相手に覚えてもらえないことも多いのです。また、あまりにも多くの人々と知り合うので、相手が自分のお目当ての人でない場合は、「出会わなかったことにする」という開き直りも必要です。

各種パーティ

創業記念、周年行事などのほか、週末起業や出版記念など自分の目的に合致したパーティには積極的に参加してみてください。たとえば書籍出版を考えているなら、知人が本を出したときに開く出版記念パーティにはぜひ出かけましょう。そこで編集者と知り合ったら、相手の邪魔にならない程度に（ココが大事！）、なるべく長く接触すること。二次会があれば参加し、後日フォローメールや手紙を送りましょう。あなたが主催するイベントがあれば無料で招待したり、そのお礼訪問などを重ねながら、関係を強化させていくことができます。

「紹介」を得るには「異業種の勉強会」

「見込み客を紹介してもらえそうな人脈」を築きたいと考えているなら、同業同士の勉強会よりも、**違う業種の専門家たちが集まる勉強会**がおすすめです。

同業の専門家の勉強会では、自分の専門性はアピールしにくいものです。税理士にとって、税理士同士の勉強会で見込み顧客の話が出ても、あくまでもその話を提供した税理士の見込み顧客。案件がよほど特異な専門性を必要としていて、その専門性があなたの得意分野と合致しない限り、その税理士が見込み顧客をあなたに紹介することはないでしょう。

また、同業から仕事を紹介してもらえたとしても、せいぜい下請け業務にすぎないでしょう。元請として仕事をしたいと考えるなら、同業ネットワークも大切ですが、より広い異業種の専門家（あなたが税理士なら、中小企業診断士や社労士、行政書士など）とのネットワークをつくりましょう。

異業種との人脈はこうしてつくる

最初は異業種の専門家が集まる勉強会への参加からスタートし、**次にその勉強会で講師を務めてみてください**。そのセミナー内容に関連する相談が、参加している専門家たちのなかにあれば、その案件はかならず講師のところに持ち込まれます。

たとえばあなたが社労士で、未払い賃金訴訟について講師を務めたとしましょう。他の専門家たちが未払い賃金について悩みを抱える顧客を持っていたとしたら、かならずあなたに相談してきます。「ちょうど今、私の顧客が同じことで悩んでいて……」と。

その勉強会では、あなたは参加者たちにとって貴重な「社労士」という存在です。たとえセミナー内容に関係しなくとも、社労士に相談すべきことなら**身近なあなたに相談するでしょう**。

言うまでもありませんが、ただ名刺交換しただけの関係では何の紹介もしてもらえません。異業種専門家との勉強会に、ぜひ参加してみてください。

セミナー・勉強会に参加し続ける①

セミナーや勉強会は、人脈を広げるだけでなく、知識・ノウハウの「仕込み」の場。足を運ばなくなると、自分の能力の劣化を招きます。たとえ経済的に少々厳しくても、あるいは本業が忙しくなっても、これといったセミナーや勉強会には「自分への投資」として積極的に出席し続けましょう。時間も費用もかかりますが、それを補って余りあるリターンがあればよいのです。私は次のような方法で、セミナーへの出席を自分に促しています。

セミナー参加時に知った別セミナーの申込みを、その場で行なう

受講したセミナー先で他のセミナーや勉強会の告知が行なわれることがよくありますが、私の場合、もし講師やテーマなどに興味を持ったらその場で申し込み、入金までしてしまいます。その場での申込み受付や入金は運営側にとっては手間ですが、参加者を早期に確保できるので断られることはあまりありません。不参加でも返金不可のセミナーも多いので、**で**

きる限り都合をつけようと努力できます。予定が入りそうな日程でもとりあえず申し込んでおきましょう。そのセミナー優先でスケジュールを調整するようになります。

セミナーの参加を公言する

Facebookで知ったイベントやセミナーで惹かれるものがあったとき、日程が空いていれば私はすぐに申し込みます。その後、自分の個人ページやFacebookページで「○月×日に行なわれる○○セミナーに参加申込みしました。面白そう&役に立ちそうなセミナーなので、みなさんも参加しませんか。私は懇親会まで参加する予定です」と発信します。周りを誘った手前、**参加しないわけにはいきません**。ネット上でなくても、リアルに会った友人・知人に公言して参加を呼びかけることで、「何があっても行く」と腹がくくれます。

あらかじめ予算取りをしておく（ルーティンワーク化する）

私の場合、「毎月○万円はセミナー・勉強会のために使う」と前もって予算取りをしています。来月の参加セミナーや勉強会が入っていない場合は、月が変わってすぐの1日を「当月の参加セミナー・勉強会を決める日」とすれば、無理なくルーティンワーク化しやすいでしょう。

セミナー・勉強会に参加し続ける②

セミナー受講仲間をつくる

セミナー受講を重ねるうちに、よく顔を合わせる人がいるのに気づくことがあるでしょう。同じセミナーを選ぶことが多いということは、自分と似た価値観を持っている相手かもしれません。「面白そうなセミナー・勉強会情報」を交換し、誘い合えるほど仲よくなれるとお互いのメリットになります。ひとりでセミナーを探すより情報収集力が格段に上がり、気後れしそうなセミナーにも知り合いが一緒だと参加しやすくなります。また相手から誘われても断ることが増えると気まずくなるので、自然とセミナー参加の回数も増えます。**少しずつ仲間を増やして**「セミナー受講者グループ」をつくってもよいでしょう。

「いつもとは違う」タイプのセミナー・勉強会へもときどき参加を

私は普段ビジネス系のセミナーに参加するのですが、たまたまある国会議員の勉強会に参加させてもらったところ、参加者の層がいつもとまったく違っていてたいへん興味深いひとときが過ごせました。また、話が盛り上がった参加者数人と次回の面談を約束したところ、そのうちの何人かからセミナー依頼を受ける余禄もありました。

いつも同じようなセミナーや勉強会に参加していると、同じような人たちが集まり、同じような内容のことを聞くことが続くため、飽きることがあるかもしれません。ときどきは、自分があまり参加したことのないようなセミナーや勉強会に参加すると新しい刺激があり、「またセミナーに足を運ぼう」という気持ちを取り戻せます。

たとえば高額のワークショップ型セミナーや、カリスマ士業による成功事例講演、コンサルティング企業のノウハウ勉強会、企業ではなく大学が行なうセミナーなどは、内容の面白さはもちろん、**そこで出会う人々もまたいつもとは違ってきます**。とくにワークショップ型だと、参加者と接する時間が濃く長いため、仲よくなりやすい利点も見逃せません。

目当ての人のセミナーは「少人数参加」「懇親会付き」を

欲しい人脈、会いたい人物がはっきりしているなら、その人たちが集まるセミナーや勉強会に参加しましょう。目当てが「人脈」というより「人物」であれば、その人が講師を務めるセミナーや勉強会に行くのが一番の近道です。といっても、その人と出会えるなら何でも足を運べばよいというものではありません。選ぶポイントは、「参加者が多くない」「懇親会付き」です。私の例をご紹介しましょう。

少人数のセミナー＆勉強会で仲よく

『お金でなく、人のご縁ででっかく生きろ！』の著者であり、レストラン経営や結婚式プロデュースを手がける有限会社クロフネカンパニー代表取締役の中村文昭さんをご存じでしょうか。人に連れられて中村さんのセミナーに行き、その生き様と考え方に共感した私は、「何とかこの人と知り合いたい」と思いました。その後、中村さんが塾長を務めているセミナー＆勉強会を発見します。少し高額でしたが思い切って参加したところ、快く迎えてくださいました。少人数でしたので、深いコミュニケーションがとれたと思います。お陰で、その後は出版記念パーティのお手伝いや講演の仲介までさせていただくほど仲よくおつき合いできるようになりました。また、「あの中村さんを知っている」という別の人々と共通の話題で盛り上がり、その人々との関係もスムーズに構築できた経験もあります。

懇親会で幅広い情報交換

「週末起業フォーラム」を主宰しているビジネス作家の藤井孝一さんは、私が以前からお会いしたかった人物です。知り合いの編集者より「ビジネス作家協会」の特別セミナーで藤井さんが講師として登場すると聞いた私は、大阪から2時間半かけて東京のセミナーに参加しました。その後の懇親会でゆっくりと藤井さんにお話を伺い、これからもお互い、幅広い情報交換をしましょうと約束できたのです。以降、藤井さんが代表を務めていた「銀座コーチングスクール」でコーチングを学び、そこから多くの人脈が広がっていきました。時間をかけてお互いをわかり合えたのは、セミナーより懇親会の場ですから、選ぶなら、懇親会ナシよりも、懇親会付きセミナー。セミナー後は懇親会にもかならず出席しましょう。

同じセミナーを何度も受講する

お近づきになりたい相手が人気講師という場合、一定期間にセミナーを何度も受けるという手もあります。

年間３００本以上の講演と同時に後進の講師を育てる講座も行なう、私にとっては雲の上の人ともいえる憧れの講師がいました。講師としての自分のレベルを上げたい私は、あるとき、その方の講師向け講座を受講したのです。ユーモアにあふれ、感情に訴えかけるうえ、しっかりした論理で構築された、素晴らしい内容でした。

あまりにも感動した私は、高額であったにもかかわらず、まったく同じ講座を1ヶ月後に受講しました。さらに、その上級講座にもすぐ参加を決めましたので、ほぼ1ヶ月の間に同じ講師の同じような講座を３回受講したことになります。

講師も私のことを珍しく思ったのでしょう、セミナー後にスタッフだけの打ち上げに誘ってくださって、そこから親しいおつき合いが始まりました。

その後、講師からは今までおつき合いのなかったセミナーエージェントを紹介してもらったり、私もその講師のセミナー集客を手伝ったりするうち、他の大勢の講師を含めた豊かなネットワークが広がりました。

優れたセミナーなら何度でも受講しよう

「この人だ！」という講師に出会ったとき、私はその講師のセミナーを徹底的に聞きに行くようにしています。短期間に同じ内容のセミナーが行なわれる場合でも、まったく気にしません。何度も顔を合わせることで講師との距離は近くなり、講師から個人的なアドバイスをいただいたり、一般には知らされない貴重な情報が得られることもあります。

また、講師との関係づくりを目的としなくても、気に入ったセミナーなら何度も聞きに行くことをおすすめします。優れたセミナーは一度ですべてが理解できないほど内容が濃く、それだけに2度目、3度目は気づくところも変わってきます。聞く回数が増えれば、「この点は自分のあの事業に活かせる」「この点はあの顧客へのアドバイスに」などと、セミナー内容を「自分のもの」に変換して現場に応用しやすくなるのも大きなメリットです。

「これぞ」と思った講師なら、参加費を惜しまずセミナーに何度も通ってみてください。

「高額セミナー」で広がるブレーン的な人脈

「こんな人脈がほしい」というイメージがはっきりしても、そのチャンスがありそうなセミナーが高額だった場合、判断に迷いますね。しかし、私は「そこそこ高額」という程度ならぜひ参加をおすすめします。私の例をお話ししましょう。

高額でも飛び込んだのは、自分が行き詰まっていたから

独立直後の私は、自主開催セミナーを活動の柱にして、毎週セミナーを開催していたのですが、集客に行き詰まりを感じていました。そんなとき、東京で「最強！　セミナー集客実践セミナー」という高額セミナー（1日5万円！）があるのを知り、即座に申込み。セミナー自体はノウハウにあふれ、とても役に立つ内容でしたので、行ってよかったと思いました。また、その場で3日間19万８０００円の「戦略的セミナービジネス構築セミナー」の募集があったので、これにもさっそく申し込みました。私に経済的余裕があったからではありませ

ん。むしろ、それだけ状況が切羽詰まっていたのです。

少人数×高額セミナーで「同僚意識」がアップ

この3日間セミナーの参加者は10名。3日間みっちりとノウハウを教えられた上、ワークショップ形式で講座が運営されていたため、すべての参加者とじっくり接することができました。また、「セミナー集客を成功させる」という同じ目的を持っていたので、多くのメンバーとのコラボレーション企画が生まれ、それとはまったく別のビジネスプロジェクトもスタートしたり、あるいは本職の仕事を依頼したり依頼されたり……ということが頻繁に起こるようになったのも大きな収穫です。

本当にほしいノウハウを提供してくれるセミナーなら、もうそれだけで高額の参加費を払ってもいい**投資**だと考えましょう。また、ワークショップ形式なら参加者全員が同じ方向を向いて考えるため、人間関係が強化されやすいものです。一緒に考える時間が長ければ長いほど相手が何を求めているのかもすぐ理解できるので、かゆいところに手が届くような有用な発言やアイデアが飛び出してきて、発想が豊かになります。結果、頼りになるブレーンとして長くおつき合いできる人々と出会いやすい場だということができるでしょう。

異業種交流会への参加はムダじゃない

異業種交流会では深く知り合うことが難しい、とお伝えしました。もちろん、名刺コレクションで終わってしまえば意味はありませんが、いただいた名刺をリスト化したり、自己紹介術を磨く場にしたり、あるいはマーケットリサーチの場ととらえると、異業種交流会への参加もムダにはなりません。

告知リストをつくるための名刺を集める場

多くの異業種交流会は参加者同士の交流時間が短く、自分のしていることに相手が興味を持っているかどうか判断しにくい場です。相手のことをよく知らない状態ではありますが、ここで出会った人々にはまず一度、「自分が行なっているセミナーやイベント、勉強会や提供しているサービス」の案内を送ってみましょう。名刺交換のとき、「**イベントの告知メールをお送りしてもよろしいでしょうか**」とひと言、丁寧に尋ねておくのを忘れずに。

自己紹介テクニックを鍛錬する場

「エレベーターピッチ」という言葉をご存じでしょうか。エレベーターで偶然一緒になった初対面の要人に対し、目的階に着くまでの数十秒の間に自分の印象を強く残すプレゼン術です。大事なセミナーや会合の場で必要なこのエレベーターピッチ力を磨くには、異業種交流会がぴったり。話す時間が短く、実業にはあまり結びつきそうにないと思っていても、上手な自己紹介で仕事につながることもあります。どんどん実践を積みましょう。

人間観察・マーケットリサーチの場

自己紹介術はもちろん、話題の振り方や声の出し方、身だしなみから立ち居振る舞いまで、「この人、好印象だな」「ちょっと残念だな」というケースを多く目にするでしょう。よい部分はどんどん採り入れ、そうでない部分は反面教師として活かせます。

また、新しいサービスやセミナー題材を考えているなら、そのターゲットになりそうな人々が多く参加している交流会に顔を出し、話題にのぼらせて反応を見てみたり意見を求めたりしてみましょう。そのターゲットたちの、本当のニーズを手に入れることができます。

仕事以外の場でアピールする

異業種交流会などで「私は税理士です」と言っても同業者が大勢いることも多く、その交流会の参加者の印象に残るのは難しいものです。でも、専門家は「自分だけ」「自分とほんの少数の同業者しかいない」という場も数多くあるのです。仕事以外のそんな場なら希少性が高まり、仕事へのチャンスを得る可能性も生まれます。

応援してくれやすい県人会

私の知り合いに鹿児島県出身の若手税理士がいます。同業者との差別化ができずに顧客を見つけられず苦労していた独立当初、知り合いの同県人に誘われて大阪で開催された県人会に参加しました。久しぶりに故郷の言葉を聞いてほっとした彼は、会の主催者と名刺交換をした際に「なかなか顧問先がとれない」と愚痴を漏らします。そこで「**同県人が大阪で頑張っているのだから応援したい**、何とかならないか」と考えた主催者が、会場内の経営者のところに彼を連れて行き紹介してくれたのだそうです。すると「ちょうど今、税理士の変更を検討しているので、一度会社に話を聞きにきてくれないか」「新しい会社をつくる予定なのでそこの面倒を見てほしい」「知り合いの飲食業の社長が税理士を探しているので今度紹介してあげる」という話がどんどん出てきたのです。会場には同県出身の経営者が多数いたのですが、税理士は彼ひとりだったのも幸いしました。その後、県人会つながりで多くの顧客を紹介してもらえた彼は、お礼の意味も込めて**県人会青年会の事務局を担当し、そこを通してさらに多くの人と知り合って**仕事が増えていきました。

同窓会、地域コミュニティ、趣味のサークルも

このように強い共通意識や同じ価値観の人々が集まる「仕事以外の場」なら、仕事上の利害関係や損得勘定が生まれないので応援してもらいやすいものです。

県人会以外でも、**同窓会、町内会やマンションの理事会、ママ友や育児サークルといった地域コミュニティ、ランニングやスポーツ観戦、句会や家庭菜園など趣味の会**などでは、メンバーのなかに士業やコンサルタントは少ないだろうと思います。そこで「税理士です。何か相談ごとがあれば遠慮なくどうぞ」と日ごろから声をかけていれば、税理士の知り合いを何人も知っている人は少ないでしょうし、何かあったときには相談してくれるはずです。

自分で「場」をつくる

「あちこち出かけてみたが、ピンとくる交流会や勉強会がない」とお悩みなら、自分で場をつくるのも一案です。

主催者にはメリットが多い

他人がつくった場に出かけていくより、自分で場をつくったほうが人脈を広げるのには早道です。セミナーでもイベントでも、主催者や講師、司会者などは自ら動かなくても相手のほうから話をしに、あるいは話を聞きに来てくれるものですし、また、自分がほしい人脈の業種限定にするなど、参加者を選べるのも主催者の特権です。

さらに、こぢんまりしたスタイルなら、開催の手間もたいしてかかりません。「集客が難しい」「参加者数が気になる」という人も多いと思いますが、**少ない人数から始めるほうが参加者一人ひとりの距離が近くなって、関係は強くなります**。「今後、仕事を紹介してくれるような人脈の形成」が目的ですから、「広く浅く」よりも「深く狭く」で十分です。

重要なのは、**必ず次の開催日を決めておくこと**。そして「**誰か新しい人をひとり連れてくる**」とお互いに約束すれば、次回の集客に悩むこともありません。

周りが求める勉強会を企画する

私が前著『90日で商工会議所からよばれる講師になる方法』という本を出版できたきっかけは、「採用されるセミナー企画書作成講座」というセミナーでした。商工会・商工会議所、セミナーエージェントからの講師依頼が多くなった私に、周りの士業やコンサル、講師などの専門家から「どうしたらそんな依頼がもらえるのか」という質問が増えてきたからです。最初は尋ねられるたび一人ひとりに説明しましたが、あまりにも頻繁に聞かれるので、セミナーを開催しました。知り合いが知り合いを呼び、知らない人々と出会い、商工会議所の担当者も来たりして毎回満席になりました。そして、「それだけ商工会議所の講師になりたい人が多い」という裏付けが、本の出版につながったのです。

「自分がほしい人脈を得る」ためではなく、多くの人が求める勉強会やセミナーを行なえば参加者が増え、人脈の輪が広がります。周りの人がどんな勉強会を望んでいるのか、一度リサーチしてみてください（勉強会の主催について詳しくは8章）。

勉強会やイベントの世話役を買って出る

懇親会の世話役・コミュニティ管理人はおいしい

いきなり勉強会の主催者となるのは気が重いという場合には、ちょっとした世話役を引き受けるのがおすすめです。

ある勉強会の後の懇親会が盛り上がり、「さらに二次会へ」と希望したのがなんと20名になったことがあります。急に決まった大人数宴会の店探しに走り回ったのが私でした。会場が決まれば先導して店内でメンバーを案内、全員の注文を取りまとめ、グラスの空いている人に追加注文をすすめて……と忙しくしていると、参加者が入れ替わり立ち替わり「ご苦労さまです」とビールを注ぎに来てくれるのです。おかげで無理なく参加者全員と話をする機会が持てました。

参加者同士も仲よくなれたので、その場でFacebookのコミュニティ起ち上げの提案をすると、全員一致で可決となりました。コミュニティの管理人は、もちろん私です。その起ち上げの過程で全参加者と連絡を取り合ううちにさまざまな相談を受け、そこから資金調達や二代目経営者教育に関するコンサルティング契約の受注につながっていきました。

世話役や幹事は、けっして損な仕事じゃない

人脈を構築したいなら「なるべく多くの人と、なるべく多くの回数の接触」が有効です。しかし時間の制約があるわけですから、そう頻繁にたくさんの人々と会ったり、会った人すべてに何度も接触したりするのは現実的ではありません。

その点、「世話役」は効率的です。打ち合わせや意思確認などで多くの人々と連絡を取り合うことで、ずいぶん互いの距離が縮まります。もちろん実際に会うのが一番ですが、勉強会やイベントの中心にいる運営メンバーとなら、ネット上や電話での接触でも同じような効果を上げることができるでしょう。また、世話役を務めていればさまざまな情報が自分のところに大量に集中するため、**仕事につながる情報も自然と集まりやすくなります**。

細々した仕事や作業もありますが、ネットを上手に使えばあまり大きな負担もありません。たとえばFacebookのグループ機能を利用すれば、世話役の主な仕事である告知連絡とその確認はとても簡単にできます。宴会の幹事も同様。イベントや勉強会の出欠確認なら、「調整さん」(http://chouseisan.com/)も便利です。効率的に多くの人と接触してみましょう。

2章

事前に用意・見直ししておきたい必須ツール

とっつきやすく、覚えてもらいやすい名刺

人脈づくりに必要なツールといえば、まずは名刺です。営業ツールというより、コミュニケーションツールとして優秀かどうか、あらためて見直してみましょう。

アピールポイントはひとつに絞ろう

社名・肩書き・姓名・住所など連絡先のみのシンプルな名刺より、多彩な情報を載せた名刺が主流になりつつあります。しかしこれがまた、情報が多すぎて読みにくい……。「アレもできます、コレもできます」ではなく、ポイントを絞って「この人はコレが得意な人なんだな」と覚えてもらいやすい名刺を目指しましょう。名刺を渡す相手とは初対面なのですから。

質問を誘いやすいワードをひとつ入れてみよう

名刺から話が広がりやすいように、少し変わった肩書きや自分のキャッチコピーなどを入

れてみましょう。たとえば資格名だけを名乗るのではなく「飲食店に強い税理士」「従業員50名以下企業専門の社労士」とあれば、もらった人も「おや」と思ってひと声かけやすいものです。相手に質問させる余地のある名刺は、話のきっかけづくりに大いに役立ちます。

ぜひ顔写真を入れよう

文字ばかりより、何かビジュアルがあるほうが印象に残りやすくなります。それがあなたの写真ならなおさらです。後から見返して「ああ、こんな人だった」と思い出してもらいやすいよう、ぜひ顔写真をお忘れなく。証明写真などではなく、できれば**プロに撮ってもらう**のがおすすめです。プロに頼んでも、顔写真だけならさほど費用はかかりません。

複数の名刺を持ってもいい

そうはいっても、その場の話題づくりに力点を置くと、今度は自分の業務内容を知ってもらう営業ツールとしての機能が弱まるかも……と心配なら、複数の名刺をつくってもよいと思います。場によって、あるいは相手によって使い分ければいいのです。たとえ人脈づくり用でも、デザインも印刷もプロに頼みましょう。ＰＣやプリンタで自作するのに比べると、仕上がりのフォーマル感が大いにアップし、あなた自身の価値を底上げしてくれます。

銀行・経営者向けの名刺

アピールポイント（何をしてくれる人か？）

株式会社ネクストフェイズ
東川仁中小企業診断士事務所
代表取締役
経営コンサルタント
東川　仁
Higashikawa Jin
〒564-0051 大阪府吹田市豊津町40-6-302
TEL／06-6380-1259　FAX／06-7777-3982
E-mail／jinny@npc.bz　URL／http://www.npc.bz/
東京事務所　〒105-0021 東京都港区東新橋2-10-10 東新橋ビル2F-2
TEL／03-3433-6056　FAX／03-5777-0023
成功する経営者に必要な5原則をご存知ですか？
ウラもご覧下さい

質問を誘いやすいワード

オモテ

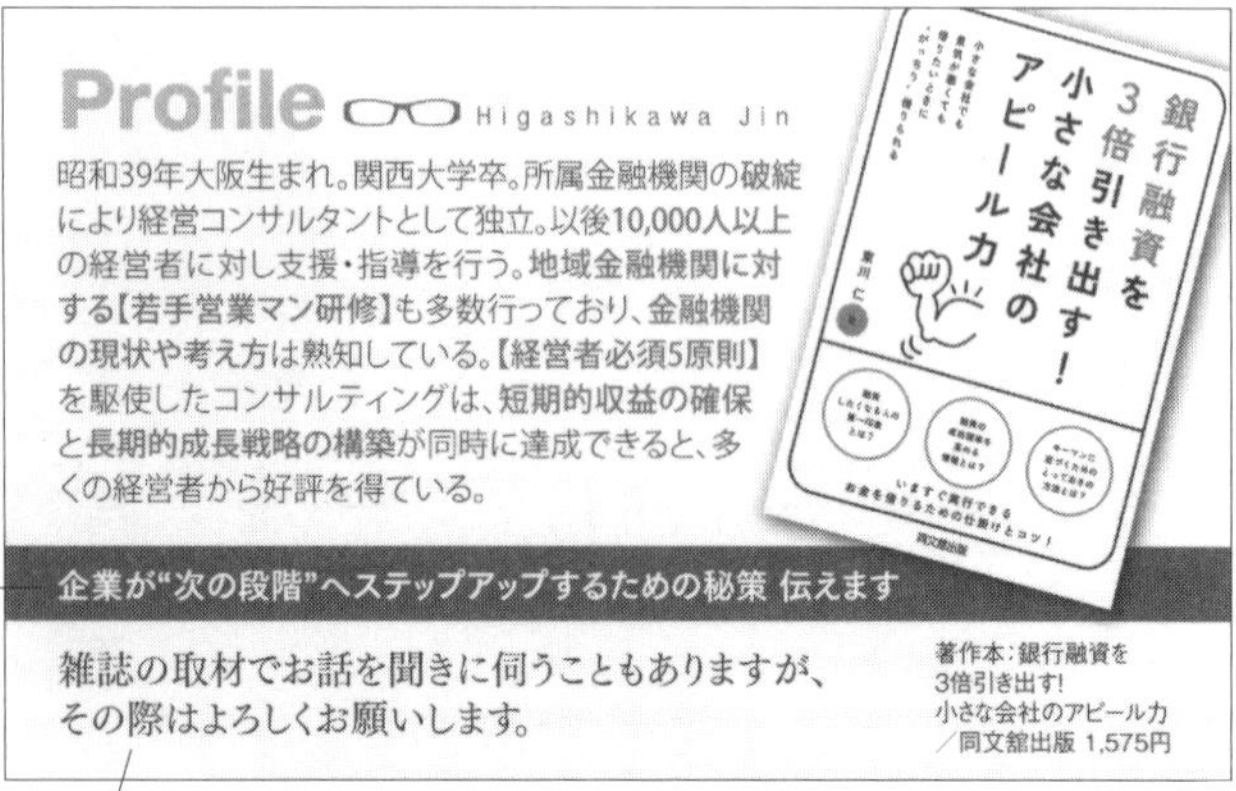
Profile Higashikawa Jin
昭和39年大阪生まれ。関西大学卒。所属金融機関の破綻により経営コンサルタントとして独立。以後10,000人以上の経営者に対し支援・指導を行う。地域金融機関に対する【若手営業マン研修】も多数行っており、金融機関の現状や考え方は熟知している。【経営者必須5原則】を駆使したコンサルティングは、短期的収益の確保と長期的成長戦略の構築が同時に達成できると、多くの経営者から好評を得ている。
銀行融資を3倍引き出す！小さな会社のアピール力
企業が“次の段階”へステップアップするための秘策 伝えます
雑誌の取材でお話を聞きに伺うこともありますが、その際はよろしくお願いします。
著作本：銀行融資を3倍引き出す！小さな会社のアピール力／同文舘出版 1,575円

ウラ

「御社を訪問しますよ」というエクスキューズ

ターゲットが強く興味をもつ情報

士業・コンサルタント向けの名刺

アピールポイント（何をしてくれる人か？）

株式会社ネクストフェイズ
東川仁中小企業診断士事務所
代表取締役·繁盛士業プロデューサー
東川 仁
Higashikawa Jin
〒564-0051 大阪府吹田市豊津町40-6-302
TEL／06-6380-1259 FAX／06-7777-3982
E-mail／jinny@npc.bz URL／http://www.npc.bz/
東京事務所 〒105-0021 東京都港区東新橋2-10-10 東新橋ビル2F-2
TEL／03-3433-6056 FAX／03-5777-0023
士業が紹介をひきよせる5つの原則をご存知ですか？
ウラもご覧下さい

質問を誘いやすいワード

オモテ

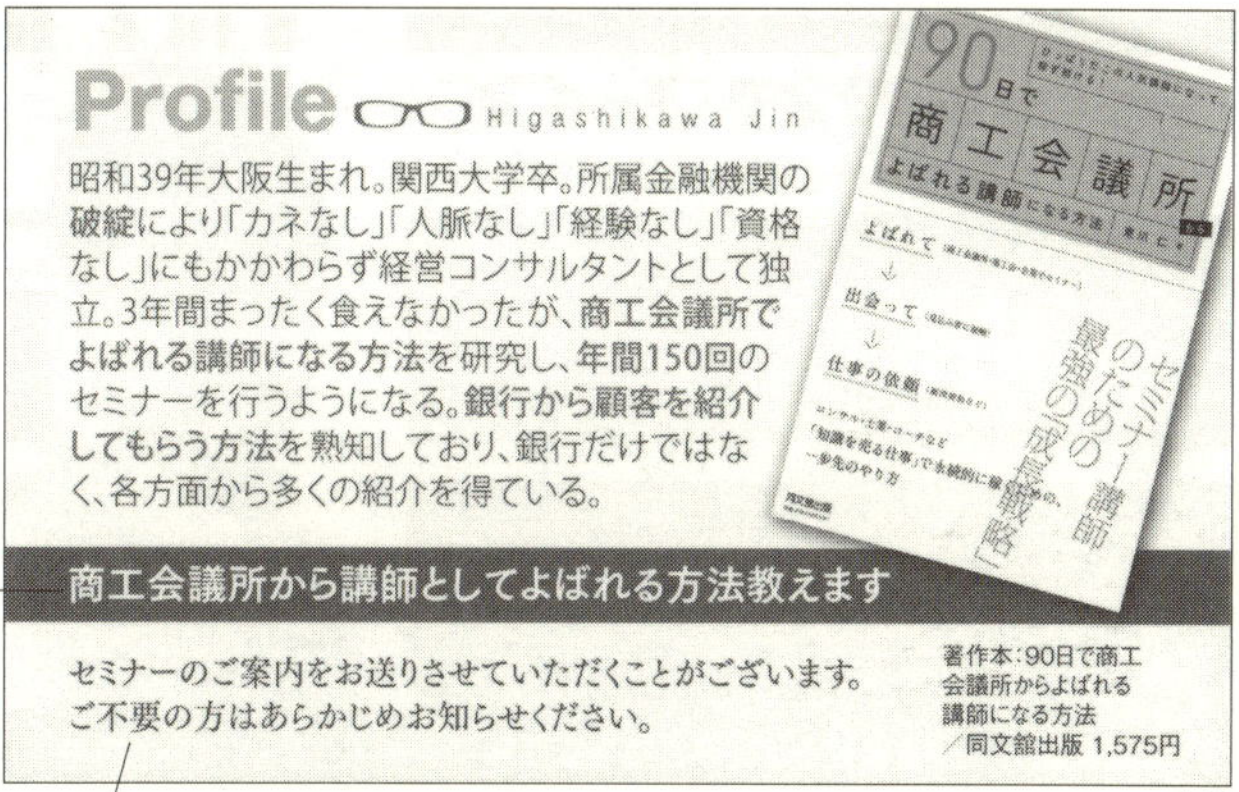
Profile Higashikawa Jin
昭和39年大阪生まれ。関西大学卒。所属金融機関の破綻により「カネなし」「人脈なし」「経験なし」「資格なし」にもかかわらず経営コンサルタントとして独立。3年間まったく食えなかったが、商工会議所でよばれる講師になる方法を研究し、年間150回のセミナーを行うようになる。銀行から顧客を紹介してもらう方法を熟知しており、銀行だけではなく、各方面から多くの紹介を得ている。
90日で
商工会議所
よばれる講師になる方法
よばれて
出会って
仕事の依頼
セミナー講師のための最強の「成長戦略」
商工会議所から講師としてよばれる方法教えます
セミナーのご案内をお送りさせていただくことがございます。
ご不要の方はあらかじめお知らせください。
著作本：90日で商工会議所からよばれる講師になる方法／同文舘出版 1,575円

ウラ

「セミナーの告知を行ないますよ」というエクスキューズ

ターゲットが強く興味をもつ情報

「私について」テキスト①

自分の思いを伝えるＨＰ

出会ったときに好印象を受けたら、相手はおそらく名刺にあるあなたのＨＰを見に来るでしょう。しかしそのＨＰが、事業内容や実績、連絡先などごく一般的な内容だけだったら相手もガッカリです。相手が知りたいのは、名刺に書かれた情報の深掘りだけではなく、仕事に対するあなたの思いであり、そこからうかがい知れるあなたの人柄です。そんなテキストを、「私について」と私は呼んでいます。パーソナルな「私について」のページを、ぜひＨＰに加えてください。わざわざＨＰを訪れてくれた人しか手にできない、ちょっとしたサプライズなプレゼントがあると、読んだ人はうれしく、また印象に残りやすいものです。

❗プロフィールページを充実させる

具体的には、すでにお持ちのＨＰにあるプロフィールページを充実させます。といっても趣味のゴルフやゲームについて熱心に語るのではなく、**仕事への思いを綴る**のです。仕事に対する思いとは、あなたの「仕事」に興味を持つ人へのラブレターのようなもの。どんな思いで仕事に取り組んでいるのか、ＨＰを訪ねる人はそういうことが知りたいのです。分量はＡ４用紙1ページ分くらいで十分。長いと最後まで読んでもらえません。

個人的なエピソードから始めると書きやすい

「仕事への思いって何だろう……」と悩んだら、まずは個人的なエピソードから書き始めてみてはいかがでしょうか。「こんな出来事があったから、自分はこの仕事にこんなふうに取り組むようになったんだ」と、テキストの筋道がハッキリします。自分のスタート地点を振り返り、今の位置を確かめ、キャリアの行き先を見つめるためにも役立ちます。

プロのライターに頼むのも一案

難しくて書けない、そんな時間もない、という場合は、プロのライターにオーダーするのも一案です。「プロフィールライター」といった言葉で検索すれば、多くのサイトがヒットするでしょう。ライター各人の原稿を見ながら、自分が求めるテイストに近いものを書くライターにコンタクトを取ってください。もしご連絡をくだされば、私がとくに信頼している、おすすめのライターをご紹介しましょう。

8．自分が大事にしているもの

9．変えたいと思っていること

10．共感を得られる小ネタ（質問）

出身校は？	
生まれた場所は？	
同じ誕生日の有名人は？	
ご両親の職業は？	
子供の頃、好きだったり熱中したことは？	
周りからどういう人と言われていますか？	
好きな言葉、座右の銘は？	
受賞・表彰経歴はありますか？	
現在、勉強していることはなんですか？	
よく似ていると言われる有名人は誰ですか？	
趣味は何ですか？	
小さい頃の夢は何でしたか？	

共感を呼ぶ “私についてプロフィール” 作成シート

1．なぜ、この仕事を選んだのか

2．今の仕事に対する想い

3．自分の考え方に影響を与えた出来事

4．今までで一番不幸と思えたこと

5．今までで一番感動したこと

6．今までで一番うれしかったこと

7．顧客に対する想い

「私について」テキスト②
初対面の人に手渡す自己紹介シート

異業種交流会であれ、勉強会やセミナーの場であれ、出会いのときに相手と話せる時間は長くはありません。また、後日あなたのＨＰを相手が訪ねてくれる保証もありません。そうなると、出会ったときに名刺以外に手渡しておきたいもののひとつが、前項でお話しした「私について」テキスト。何部かコピーして持ち歩けば、いざというときにすぐに配れて便利です。しかし、あなたらしさが強く出ている分、取扱いにはちょっとした注意が必要です。

誰彼構わず配らないこと

理由は明快、「うっとうしいヤツになってしまうから」です。あなたの思いを精一杯綴ったテキストは、確かにあなたらしさを知るには優秀なツールですが、「出会ったばかりだし、そんなに深く知りたいわけじゃない」と感じている相手もいるでしょう。「この人は自分にそこまで興味を持ってくれているかな？」とつねに探りながら、手渡す相手を吟味してください。吟味した結果「この人は自分に興味がありそうだ」と感じられたら、「自己紹介が苦手なので、こんなものを用意しました。よかったら、後ほどお読みくださいますか」と、そっと渡せばOKです。

ただし、本当に自己紹介が苦手でないと、へりくだりすぎた嫌みな言葉に聞こえかねません。「自分はけっこう喋れるほうだ」とお思いなら、このテキストはHPに載せておいて、「お時間のあるときにHPをご覧になってください。私について詳しく書いた、ちょっと変わったページもありますよ」と興味を喚起しておくだけで十分でしょう。

口ベタな人には、営業の現場でも役立つ

人脈づくりの場ではありませんが、「私について」テキストを営業の現場に持って行き、見込み客に渡して実際の依頼につながった、という人が大勢います。その方は、仕事はよくできるのですが自己紹介があまり得意ではなく、もともとHP用につくったそのテキストを「自分のことはうまく言えないので……」と先方に見せ、人間性のアピールに役立てたそうです。「私について」テキストは人脈づくりだけではなく、**営業や売り込みの場でも活躍**します。少しくらい時間がかかっても、また、プロに頼んで費用がかかっても、ぜひおつくりになることをおすすめします。

「私について」【士業サポート篇】東川　仁（中小企業診断士）

士業であるあなたが立つそのポジションこそ、日本の経済を動かす力点。
そう気づくのに、10年近くもかかってしまいました。

2003年に独立してから、経営コンサルタントやセミナー講師として多くの経営者とお会いしていますが、
ここ数年、時を重ねるごとに、かえって自分のチカラがまだまだ小さいことを強く感じるようになりました。
いや、チカラだけではなく、人間としての器も。

たとえば私が他人にものを頼むことが少ないのは、断られて傷つきたくないという小心者らしい恐怖と同時に、
業務のすべてを自分のコントロール下に置きたいから、という理由もありました。
自分で全部やらなくては完璧に遂行できない、他人に任せてなんかいられない、と思っていたのです。
自分を過信し、他人のチカラを信じていなかった、ともいえます。

そもそも私が経営コンサルタントとして独立したのは、
中小企業の経営をサポートしながら、未来への投資のための融資が受けられるようにして、
世の中にお金を回し、日本経済全体が活性化する役に立てたら、という願いからだったのに、
今の経済はあなたもご存じの通りです。
自分は、いかほどの貢献もできていない。恥ずかしいばかりです。

今、私は、ようやく素直に言えるようになった。
あまりにも力不足の私に、士業のみなさん、あなたのチカラを貸してください。
あなたの持つ知識やスキル、顧問先との信頼関係こそが、企業に直接作用する力点なのです。

また、あなたにとっても、せっかく苦労して取得した資格です。
資格の価値を大切にして、末永く、息の長い活動をと願う気持ちは、中小企業診断士の私もよくわかります。
「食えないから」「顧問先が見つからないから」といって、簡単にあきらめて廃業なんかしてほしくない。

もしあなたが営業活動を不得手とするなら、見込み客にアプローチして顧問先になってもらえるノウハウを。
激化する顧問料の値下げ競争から離脱できるほどの、自分自身のレベルアップやブランディングを。
顧問先から受ける種々雑多な相談ごとに、オールマイティに対応できる知識と経験を。
私がこれまで培ってきた、また、これから積み重ねるであろうすべてを、士業のあなたに託します。

つまり、中小企業、ひいては日本経済の活性化という目標を共有できる多くの士業のみなさんと、
ゆるやかにつながりながら、互いに刺激しあい、学びあい、磨きあう場としての自分でありたいのです。
まだ勤め人だったころ、先輩や後輩、同期たちと、相談したりされたり、意見を交わしあったりして、
ひとつの目的に向かって進んでいたあの一体感を、私はまた、体験したいのかもしれません。

独立してから10年近くも経って、自分の小ささを知り、他人のチカラを信じられるようになり、
自分ではなく、他人であるあなたが活躍できるための場を提供したいと思えるまでにやっと成長した私に、
どうか会いにきてください。
私だけではなく、すでに集まっている多くの士業の方々も、心から歓迎します。
あなたという、先輩でも後輩でもない、もちろん同期でもない、新しい「仲間」を。

東川　仁

「私について」 寺島　義雄さん（税理士）

いま、会社を経営していて、楽しいですか。

サラリーマンを辞めよう。


そう決心したのは1991年、世間に名の通った証券会社で主任を務めていた28歳のときでした。

反りの合わぬ上司と毎日ケンカを繰り返しながら、しかし、
相手もサラリーマンにすぎず、彼ひとりと闘ってもこの巨大企業の方針は揺るがないのだと悟り、退職。

他社への再就職はまったく考えていませんでした。

あのとき私は、会社と同時に、サラリーマンという生き方を辞めたのです。


その後、税理士の資格を取って独立し、20年近くも私が抱えていた思いは、

「大成功しなくても、食えていけるくらいで十分」。

でもそれが、近ごろ変わった。

新しいことに挑戦し始め、将来の夢が具体的に描けるようになり、ずっとずっと前向きになった。

それはひとえに、業績が上がってきたからです。自分の努力と結果が、「見合う」と実感できるほどに。

業績のための努力といっても、それは私にとって、何も新しいことではありませんでした。
卒業したばかりで何も知らなかった若造に、お客さまと一番近い「営業」というフィールドを与え、
そのお客さまの気持ちになって、正直かつ正確に数字を追いかけることが業績に直結すると教えてくれたのは、
私にサラリーマン人生を辞める決心をさせた、あの大企業だったのです。

業績が上がってきた現在、私は、日々の経営をとても楽しんでいます。

あなたはいかがですか。経営を、楽しんでいますか。

数字という結果に、今のあなたの努力は「見合って」いるでしょうか。


サラリーマンではない生き方を選んだときのあなたは、大企業を辞めたときの私かもしれない。

経営に面白みを感じず「食えていける程度でいい」と考えていた私は、現在のあなたかもしれません。

もしかしたら私と似た過去や考え方を持っているであろうあなたに、今、とてもお会いしたい。

会って私にゆっくり聞かせてください。

売上のこと、お客さまのこと、毎月の数字のことなど、経営で悩んでいるすべてを。


税理士としては珍しく営業職経験がある私だからこそ、お客さまに寄り添う重要性と難しさの両方がわかる。

また、毎月の銀行訪問をサポートできる税理士だからこそ、
銀行との上手なつきあい方をあなたと共有しながら、数字を正しく追いかけていける。

お客さまとの適正な距離や数字の正しい追いかけ方を知れば、業績はきちんと応えてくれます。

そして業績が上がれば、経営は、がぜん、楽しくなる。


大丈夫。経営は、誰にだって、楽しめる。

第一線でお客さまと接してきた元・営業職で、銀行との複雑な折衝にも通じた私と一緒なら。

銀行同行税理士　　寺島　義雄

仕事を「見える化」した事業チラシ

「この人と出会うのはこれが最後のチャンスかもしれない」と思えば思うほど、「自分をわかってもらう」ことに心を砕きがちです。しかし出会いの場ではあまり時間もないし、そもそも自分のことばかりアピールするのは御法度。そこで、黙っていてもあなたの仕事を説明してくれる「事業チラシ」を用意しておきましょう。前項の「私について」テキストも事業チラシも、出会って別れた後にじっくり目を通してもらうもの。即効性はなくとも、あなたを印象づける効果はじわじわ表われてきます。

「いま配ってもよいのか？」と場の空気を読むこと

何度も申し上げているように、人脈づくりで大切なのは、「自分が自分が」と押しつけがましい態度を取らないこと。「いま、この場で配ってよいのか？」「この相手に配ってよいのか？」「自分のことばかりアピールして相手は辟易してないか」と、いつも自分に問いかけてください。
もし、この場で自分で配るのは印象がよくないかもしれないと「？」マークが浮かんだら、交流会やセミナーの主催者に頼み、どこかに置かせてもらって自由に持ち帰ってもらう形を取るのも一案です。どういう内容のチラシかをあらかじめ説明して頼んでおけば、よほどのものでない限り、主催者はたいてい快くＯＫを出してくれると思います。

かならずプロに制作してもらおう

コンサルタントや士業、コーチなど、事業が具体的な形として見えない仕事こそ、チラシが必要なのだと私は考えています。自作チラシも、ないよりはマシといえますが、素人のデザインではあなたの価値を損ないます。ここは費用をかけてプロに任せるのが一番。内容にもよりますが、依頼から印刷アップまで1ヶ月くらいは見込んでおきましょう。

「チラシなんてどこに頼めばいいのやら……」という方は、友人・知人・仕事仲間・同業者に尋ねてみたり、「あなたの業種名　チラシ制作」などのキーワードで検索してみてもいいでしょう。制作者によっては、得意・不得意な業種があることもあるからです（ないこともあります）。また、ご希望でしたら、士業関係に強い制作者を私からご紹介することもできます。個人的にご連絡ください。

悩みごとの例を図で列挙

告知内容：オリジナルな強み（社労士）

告知内容：スタッフ研修（研修講師）

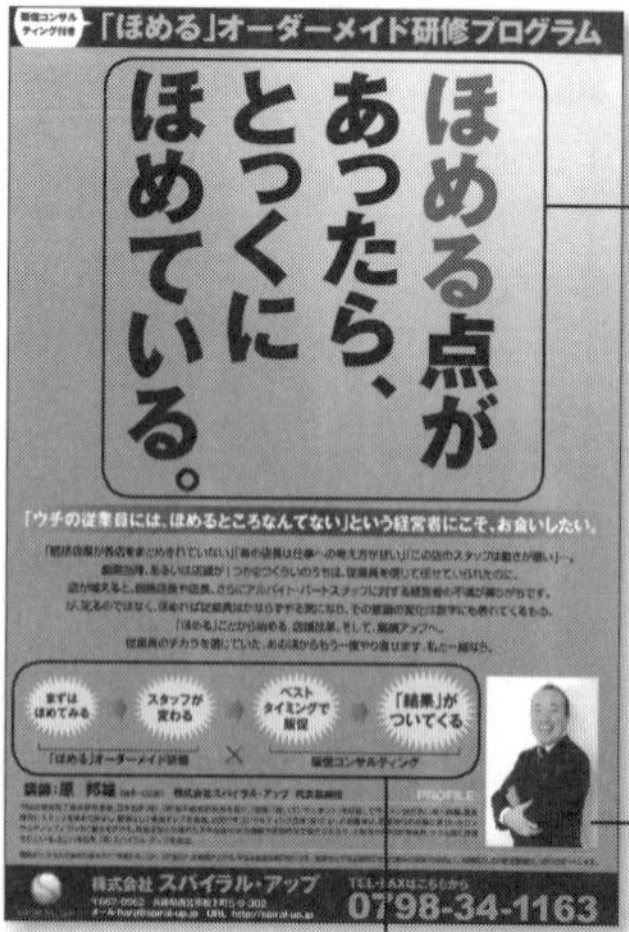

提供サービスをわかりやすく図解

顔写真を入れると責任感と安心感が伝わる

経営者の本音を代弁し、「これってあるある！」
と共感させるキャッチ

自分の仕事をわかりやすく伝えるチラシの例

告知内容：税理士のための講座（経営コンサルタント）

顔写真を入れると責任感と安心感が伝わる

受講者メリットをわかりやすく図解

読み手をドキッとさせ、手を止めて考えさせるキャッチ

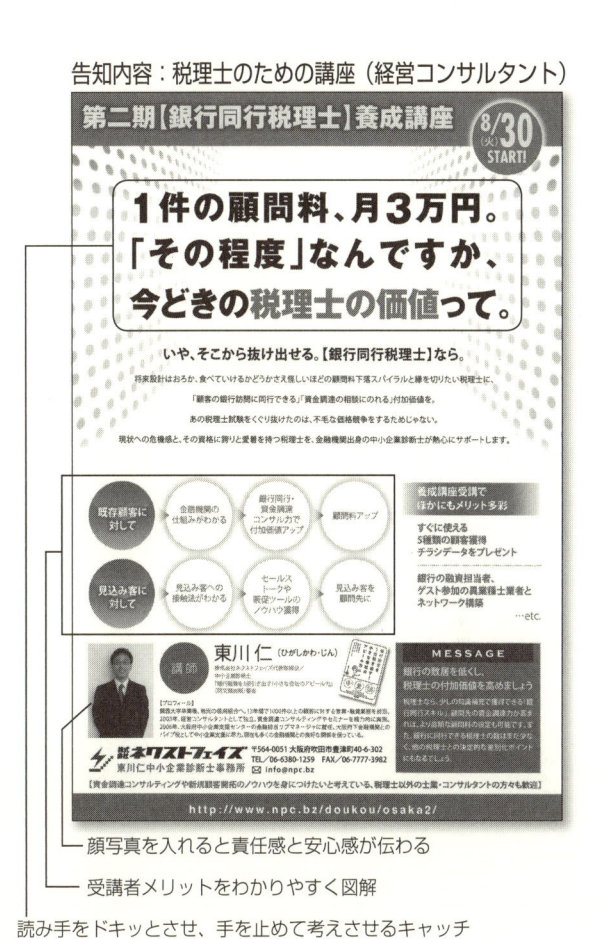

自分オリジナルのポストカード

出会った当日、少なくとも翌日にはメールなどでコンタクトを取るのは当たり前のようにみなさん実行していると思いますが（メールについてのテクニックは次章で詳しく述べます）、ハガキや手紙などを相手に送る人もいるでしょう。が、手紙はさておき、ハガキを自分のオリジナルデザインでつくっている人は少ないと思います。いくつかいただいたことがありますが、オリジナルデザインのハガキだと、思わず見る、読む、そして印象に残る。私はなかなかここまでできておらず、大きな顔をして語ることはできないのですが、ひとつの方法としてご紹介しておきましょう。

デザインは、あなたの好みで

オリジナルで、相手に不快感を与えないような印象なら、たいていどんなデザインでもいいと思います。もちろん、何度かお話ししているように、デザインをプロに頼むのは当然です。名刺やチラシを頼んだ制作者に、そのデザインモチーフを使ったポストカードをついでにオーダーしておくと、統一感が出てお洒落な感じもしますね。紙や印刷に凝るのもいいのですが、そこまで費用をかける必要はないでしょう。それより、できれば**あなたの顔写真**を入れておくことをおすすめします。何度も言うようですが、そのほうが思い出してもらいやすいからです。

手書き・筆書きでもいい

「デザインなんてわからない、プロにオーダーするほど経済的に余裕もない」「もう今日・明日にも交流会に出かけるので時間がない」という方には、オール手書き、オール毛筆という方法もおすすめです。手間はかかりますが、市販のはがきソフトなどでつくったものよりも、きちんと目を通してもらえる確率は格段にアップします。

会ったときのエピソードを添える

「誰にでも同じものを送っているのだろう」と思われては、きちんと読んでもらえません。その場であったエピソード、相手とあなたが交わした会話を中心にした、短くても丁寧な手書きメッセージを添えましょう。

3章

意中の人ともう一度会うための初対面でのふるまい方

記憶に残る現場アクション①

名刺交換直後の話題さがし

人脈づくりの場では、さまざまな人と出会うでしょう。二度目の対面につながるかどうか、まずは初対面での印象アップに注力しなければなりません。では、どんな話題を持ち出すべきなのか？　初対面ですから、無難なところから始めましょう。

名刺に載っていること――名前、社名、資格名、住所など

名刺交換したすぐ後は、名刺に載っている話題から。名前や社名などの由来、資格や住所について相手に尋ねてみたりすることで会話をスタートさせてみましょう。また、相手の名刺に「飲食店チェーン専門研修コーチ」などちょっと変わった肩書きが書かれていれば、それは「話題にしてほしい」というサイン。質問すると、間違いなく話が広がります。

「どんなお客さんが多いのですか?」

あっさりした名刺で話が続かなくなったら、お客さんの傾向を尋ねてみましょう。税理士なら「飲食店かな」「美容室が多くて」「なぜか歯医者さんが集まるんです」、社労士なら「介護事業所が増えています」、行政書士なら「業種問わず個人創業者の会社設立が……」といった答えが多いでしょうか。深く考えさせず、自然に話してもらいやすい話題です。

「どうですか、さいきんの○○業界は？」

相手の業界のことをよく知らないなら、ストレートに近頃の動向を尋ねてみましょう。一般的なことなので、快く、また詳しく教えてもらえることが多いですよ。

共通の好みや体験

旅行、学生時代の部活経験、食べ物やお酒の好み、応援している野球やサッカーのチームなど、相手と共通の好みや体験があると話も弾みます。

出身地、家族構成、誕生日、血液型など

月並みですが、会話のとっかかりとしては無難。ただし、プライバシーに関することなので、相手があまり話したくなさそうなら、深堀りは厳禁です。

記憶に残る現場アクション②

相手に話してもらうための会話術

話が弾む一番のコツは、相手に気持ちよく話してもらうこと。相手7割・自分3割くらいの気持ちで臨みましょう。

「意識して」笑顔をつくる

基本中の基本ですが、意外とできていない人が多いんです。意識して笑顔をつくりましょう。私は人と会う前に、鏡の前で「ミッキー・ラッキー・ハッピー」と唱えながら笑顔の練習をすることがあります（他人に見られたらこれほど恥ずかしいことはない……）。また、思い浮かべるだけで笑顔になれる、「赤ちゃんの顔」「我が家のペット」など自分の好きなものを事前にピックアップしておき、緊張したときに思い出すようにするのもいいですね。

あいづち、アイコンタクトを惜しまない

「なるほど」「そうですね」「はい」「あぁ、そうなんですか」などバリエーションをつけて、きちんと相手の目を見てうなずくこと。あまり相手の顔を見すぎるのも怪しげですから、気楽に、眉間にチカラを入れず、相手の目の周辺に視点を合わせましょう。

キーワードを確認するようにオウム返しする

重要と思われるキーワードは繰り返しましょう。「その言葉をキャッチしましたよ」と知らせると、相手は安心して話せます。また、その後の会話にもズレが生じにくくなります。

相手「昨日、新製品の発表会をしましてね」
自分「なるほど、新製品の発表会だったんですね」

といった要領です。

ときどき（的確な）質問を差し挟む

質問をするのは興味がある証拠。上手な質問をすると、話し手の興も乗ります。しかし内容が的外れだと、「自分の話をわかってくれているのだろうか」と疑念を抱かせかねません。話を熱心に聞いていればたいていそんな事態は避けられるのですが、まず「この質問は話し手に満足してもらえるものか？」をよく考えてから質問するようにしましょう。

記憶に残る現場アクション③

自分が喋るときはシンプル・淡々・控えめに

相手の話を聞くばかりでは、出会った意味は半減です。喋りすぎずに、記憶に残してもらう——難しい課題ですが、テクニックはあります。いくつかご紹介しましょう。

アピールポイントはひとつだけで十分

前章の名刺のページでもお話しした通り、「アレもコレも」ではなく、自分が「○○のエキスパート」であることだけをアピールしましょう。コンサルや士業などの専門家が信頼される所以は、やはり「専門であること」。出会いの場では相手だって多くの情報をキャッチしきれませんから、シンプルなほうが記憶に残してもらいやすいのです。

事例を中心に、事実だけを喋る

とにかく嫌われるのが、「自分はどれだけすごい人物か」という尊大なアピールです。「○

○○のエキスパート」としてアピールはしたいものの、大げさに語ってはいけません。効果的なのは、1~2の事例を中心に、事実だけを淡々と、簡潔に語ること。ふだんからこの事例をいくつか頭に置いておきましょう。事前に原稿をつくっておくのも一案です。

会っていきなり自分の要望を言わない

「見込み客を紹介してほしい」「仕事を依頼してほしい」「情報を教えてほしい」「経験談を聞きたい」など、まず相手に対してどんな要望があるのかを明確にするのは大切です。が、初対面でいきなり「○○してほしい」とお願いするのはタブー。言うにしても、あくまでもさらりと、会話の最後に付け足すくらいで十分です。

もちろん、名刺交換した次の日に「お会いしたいのですが……」と連絡を入れても、相手は「何か頼まれるのではないか」と警戒してしまい、たとえ会ってもらえても普通の会話はしてもらえないかもしれません。

名刺交換しただけの状態なら、まずはメールや手紙で何度かコンタクトを取り、あなたの人間性を信頼してもらった上で再面談の機会をつくりましょう。30分や1時間程度の会話を少なくとも2~3回は重ね、ある程度人間関係をつくってはじめて要望を伝えられる関係が始まる、くらいに慎重に考えてください。

記憶に残る現場アクション④

会話に「効く」、便利なフレーズ集

相手を立てる、話を盛り立てるのが、会話のコツ。とはいえ、困った状況に陥ったり、緊張して何から話し始めればいいのか戸惑うこともあります。そんなときに私もよく使っている、便利なフレーズを用意しました。きっとあなたにも役に立ちますよ。

「とおっしゃいますと……?」

相手の話に集中していても、相手がとても説明下手で話の筋を見失うケースが往々にしてあるでしょう（どなたも経験がおありのはず）。そんなときは質問というより「タイミングを見計らった合いの手」くらいの、こんなフレーズで道筋をさりげなく確認しましょう。

相手「○○○○……」（もう何について話しているか、あなたにはわからない）

自分「ほう、○○とおっしゃいますと……」or「おお、それはどういうものでしょうか」

「さすがですね」

気持ちよく喋ってもらうには相手を褒めるのが効果的ですが、その人の会社規模や実績、身に付けているモノではなく、その人自身を褒めると、相手も素直に喜んでくれます。とはいえ、くれぐれも、褒め言葉は控えめに。うっかり褒めすぎてしまったときは、最後に「さすがですね」「お人柄ですね」と、**その人自身を褒める言葉で締める**と、いやらしい印象にならずにすみます。

「お会いしたかったんです、というのも……」

独立してすぐの頃、今の自分の礎となったビジネス書に出会いました。あるとき偶然にその著者と会うことになり、「あなたのおかげで今の自分を築くことができました。あなたは私がもっとも会いたかったうちのおひとりです」と伝えたところ大いに感動され、頻繁に会うようになって多くのキーマンや仕事を紹介してもらえるようになりました。嘘やおべっかではなく本気で「会いたかった」と思っているなら、たとえ緊張していても、照れずにその気持ちをストレートに口にしましょう。しかし単に「ファンなんです」だけでは、その先に進めません。「**なぜ会いたかったのか**」をきちんと説明することが、相手との距離を格段に縮めます。

記憶に残る現場アクション⑤

講演会やセミナーで、講師の印象に残る行動

人前で話す仕事をしている人はネットワークが広いため、見込み客や仕事、あるいは講演依頼などの紹介が期待できます。あなたの仕事に関係するテーマについて講演会やセミナーを行なう講師とは、ぜひ縁を結んでおきましょう。現在、私自身は講演を聴くより行なうことのほうが多くなりましたので、そこで気づいたことを以下にリストアップしました。もちろん全部実行する必要はありませんが、話し手としては、こういう受講者はとても気になります。

講演中の大きめなリアクション

一般的に講師は、もちろん私も、自分の話がきちんと伝わっているかどうか不安です。どれだけ経験を積んでも、講師とはそういうものです（たとえ似たようなテーマで話すにしても、受講者は毎回変わりますからね）。そんな講師にとって、うなずくときは大げさなくらいに頭を縦に振り、ときどき「うんうん」と声を出したりする人は、とてもありがたい存在

です。講師の目を見ながら話を聞き、拍手をするときは肩より上に手を上げるような受講者を見つけると、どうしてもそこに講師の目は吸い寄せられます。もちろん、その人に対する好感度は急上昇です。

講演後は真っ先に名刺交換

一般的に講師は、もちろん私も例に漏れず、今日の講演に満足してもらえたかどうかを不安に思っています。終了後に真っ先に名刺交換に来てもらえると、「今日の話を気に入ってくれたのだ」と大きく安心し、もちろん名刺交換に来た人への好感度もアップします。当然、その人については強く印象に残り、当日あるいは翌日にはお礼メールを送ることになり……。そこからおつき合いが始まったケースは、枚挙にいとまがありません。

座席は最前列ではなく3番目くらいの列に

講演中のリアクションが大きい人が最前列に座っていると、あまりにも近すぎて「あえて見ない」努力をしてしまいます。そういう方が、前から3番目ぐらいの列で、端ではなく中央付近に座っておられると、不安だらけの講師（私のことです）としては話しやすく、たいへん、たいへん、ありがたいものです。

次へとつながる帰社後のアクション①

初対面の後に行なう3つのアクション

出会ったときに相手があなたのことを印象深く思ってくれていても、時間を経るごとに記憶が薄れてくるのは当然です。ましてや、あまり強い印象を持ってもらえなかった場合、確実に忘れられてしまうでしょう。

人間は、会えば会うほど相手に好意を持つようになります。これは「単純接触効果」と言われるもので、「ザイアンスの法則」としてご存じの方も多いでしょう。1回に2時間会うより、10分だけでも5回会ったほうが、お互いが相手に抱く好意は格段にアップします。

そこでおすすめしたいのが、左記の3つの接触。丁寧に、礼儀正しく、ステップを順番に踏んで距離を縮めましょう。

①メール

②自筆のハガキor手紙

③SNSなどのITツール

もちろん、出会った人全員に全ステップを踏んで近づいていくのは無理。「ぜひこの人と」と思える相手に対してだけでよいでしょう。

一度に済ませてしまわない

大切なのは、これら3つの接触を、一度に終えてしまわないことです。①から③をタイミングよく使うことで、少しずつ時間をずらしながら相手との距離を縮め、再会につなげましょう。

最初の2つまでは、けっして売り込まない

メール、ハガキor手紙の段階では、まだ関係ができあがったとは言えません。ITツールを使って日常的にコンタクトが取れるようになって、相手は「○○さんは私の知り合い」と認識してくれるようになります。そこでようやく、自分のセミナー告知や商売について徐々に触れていくようにしましょう。さらに、本当に強い関係が結べるのは、再会を果たして以降の話です。各項目の詳細は、次項以降でお話しします。

次へとつながる帰社後のアクション②

出会ったその日のメールに書くべきこと

勉強会や懇親会などで会ったその日や翌朝に挨拶メールを送ったほうがいい、とわかっていても、実行する人は少ないもの（私も反省すべき点が大いにあります）。すぐに送られてくれれば、受け取った相手は「きちんとした人」「礼儀正しい人」という印象を持ってくれます。また、誰からもまだメールを受け取っていない時点なら、さらにインパクト大です。

定型文を使わず、パーソナルな文面

「誰にでも同じ文章を送っているんだな」とわかれば、誰もそのメールを熱心に読む気になってくれません。一方、「自分のためだけに書かれた個人的な文面だ」と感じてもらえれば、興味を持って目を通してくれるでしょう。そこでぜひ書いていただきたいのが、相手の仕事内容を中心とした、**その日ふたりで話した内容**。「あのときは○○について話が盛り上がりましたね」といった文章です。もちろん相手の名刺や持ち物、服装などに工夫や特徴が

あれば、少しでいいのでぜひ触れてください。また、自分の姿を思い描いてもらうために、**そのときの服装や顔の特徴など、自分の見た目**などを添えてもいいでしょう。

次回の接触をほのめかす言葉で終える

「ありがとうございました」で終えるのではなく、次につながる言葉でメールを締めくくりましょう。「**毎月1回ニュースレターを発行しています。お送りしてもよいでしょうか**」「**今後お尋ねしたいことが出てくれば、質問させていただいてよろしいでしょうか**」といったあなたの言葉に、おそらく相手はあえてNOとは言わないはずです。YESなら、これからあなたから連絡してもいいというパーミッション（許可）になります。また、「おすすめのセミナーや書籍などがあればぜひお教えください」といった言葉を添えれば、あなたを気に入ってくれた相手が自分からアクションを起こしてくれる可能性が高まります。

必ずテキスト形式で

ビジネスマナーとしては当たり前ですが、HTMLメールではなくテキストメールで送りましょう。また、「もっと自分を知ってほしい」といった気持ちから、写真入りの事務所概要やプロフィールなど容量の大きなファイルを添付するのも厳禁です。

次へとつながる帰社後のアクション③

自筆ハガキや手紙で相手の右脳に訴える

メールで何度か連絡をとっても、時間の経過とともに印象が薄れ、忘れられてしまう可能性も大です。メールの次のステップとして、ぜひ自筆のハガキや手紙でのコンタクトをおすすめします。ＰＣ画面上の文字は単なるテキストデータに過ぎませんが、自筆なら、画像のように相手の右脳にアピールすることができます。

また、印刷された文章では、あまりよく読まれず破棄されるおそれがあります。あなたの会社名や住所、メアドなどの情報は会ったときにもらった名刺に載っているので、ハガキや手紙を手元に残しておく必要がありません。一方で、手書きなら人のぬくもりが感じられ、相手もなかなか捨てがたいものです。とはいえ、かなり労力の要ることですから、とくに思い入れのある人に対してだけで構いません。

❗メールを送ってから2～3日後の到着がベスト

メールの印象が残っているうちに送るのがよいのですが、あまり間をおかずに到着してしまうと単純接触効果が失われます。メールの数日後に到着するくらいがよいでしょう。

書くべき内容は、相手のこと

自分のことを書くのは最低限に控えましょう。まずは相手について書くべきです。相手の名刺に事業のウェブサイトやブログのＵＲＬ、Facebook、ツイッターなどのアカウントがあれば、まずは訪問し、相手が発信している情報をキャッチして感想を述べましょう。「自分に関心をもってくれている」とわかれば相手は喜び、あなたのことを好意的に感じてくれます。

手紙に顔写真入り名刺の同封を

前項ではメールで自分の姿形を再現するお話をしましたが、いくら上手に表現しても文章のみですから、なかなか思い出してもらいづらいもの。普段から顔写真付きのオリジナルハガキを用意しておくのも一案ですし、顔写真入り名刺を手紙に同封するなどして、あなたの顔を思い出してもらいましょう。名刺は初対面のときに渡しているはずですが、手紙と一緒に見てもらうことで、記憶が定着しやすくなります。

次へとつながる帰社後のアクション④

日常的にやりとりしやすいＩＴツール

メールやハガキなどより、もっと日常的に気軽にやりとりできるのが、ブログやFacebookやツイッターです。相手がそれらのＩＴツールを使っているなら、あなたも必ず登録申請をしましょう。登録申請とは、ブログ（アメブロ）なら「読者登録」、Facebookなら「友達申請」、ツイッターなら「フォロー」。いずれも、「私はあなたのページを定期的に訪問します」というサインです。登録・申請の際は、「○○なブログですね」といった感想や「また訪問します！」といった挨拶など、ひと言でいいのでメッセージを添えると丁寧な印象になり、相手も返信を出しやすくなります。

登録申請のタイミングは？

登録・申請のタイミングは、**はがきや手紙の到着と同時か、その翌日**がベスト（それより少々遅くなってもＯＫ）。自筆のハガキや手紙を受け取っていれば、相手もあなたのことを記憶に残してくれているからです。単純接触効果を考え、少しずつ日をおいて、ブログ、Facebook、ツイッターをそれぞれ別の日に申請するのも一案です。

Facebook参加は積極的に

Facebookは実名・写真付きのツールなので、メッセージのやりとりをしているだけで会っている気になり、心理的距離が近くなります。先にFacebookでおつき合いを始めていた人と、実際の初対面時で名刺交換し忘れたことが私も何度もあります。すでに会ったことがあるように錯覚していたのです。なお、「いいね！」ボタンはどんどん押しましょう。それだけで相手の好感度アップです。ワンクリックで相手が喜ぶのですから、ぜひ積極的に。

ツイッターはフォロワーの数より質

あなた自身に多くのフォロワーがいるに越したことはありませんが、たとえ少数でも、影響力のある（発言の質の高さはもちろん、フォロワーが多いという点も大切です）フォロワーとの絆を深めましょう。私の経験では、ツイッターを中心とした告知を通して、著書が一晩で１０００冊売れたことがあります。自分のフォロワー数を考えれば絶対に無理な数字が実現したのは、深くつながっている仲間の影響力の大きさのおかげです。

4章

スムーズに再会できる
アポ取りのコツ

用事がなくても会いにいける！
相手別・アポ取りトーク集①

「見込み客になりそうだ」「この人と仕事がしたい」と思う相手と、異業種交流会やセミナー、出版パーティなどで知り合って名刺交換する――そんな小さなご縁を確かなものにするために、日をあらためて会いに行きましょう。雑談のなかでも相手に自分のことを知ってもらうことができ、相手のニーズも引き出せます。また、すぐに仕事にならなくても、後日また違った形の成果になることもあります。

とはいえ、用事もなく訪問するのは誰だって気が引けるものですよね。アポイントを取るために私がよく使うトークを相手別に分けてご紹介しますので、自由にアレンジしてお使いください。

なお、どのトークの最初にも「以前、○○交流会で名刺交換をさせていただきました○○○（社名）の○○（名前）です。あのとき、△△さんに□□のお話をお伺いしました」と、自己紹介および相手と話した内容について説明することを忘れないようにしてください。

【相手が見込み客】→「あのときの話を、より詳しく聞きたい」

「あのときお聞かせいただいた□□の話をもう少し詳しくお伺いできればうれしいのですが、今度、御社近くの顧客を訪問する予定がありますので、その帰りにでもご訪問してよろしいでしょうか。ご都合が悪ければ、また別の日にでも仕切り直しましょう」

ポイントは「顧客訪問のついで」という気軽さと、「自分の話ではなく、あなたの話を聞きたい」という訪問理由をハッキリさせて、「営業では？」という警戒心を解くことです。

【相手が士業・コンサルタント】→「提携・紹介し合いたい」

「××が得意だとおっしゃっていましたね。その分野なら、もしかしてお互いに紹介や提携ができるのではと思い、ご連絡いたしました。△△さんの業務について、もう少し詳しくお聞きしたいのですが、○月×日あたりにご訪問してよろしいでしょうか」

最初から「提携・紹介」という目的に触れて、「互いにメリットになる」と安心してもらうことです。あまり断る理由もないので相手はＯＫすると思うのですが、もし「提携も紹介も不要」と言うようなら、あえておつき合いしなくてもいい相手かもしれません。

用事がなくても会いに行ける！相手別・アポ取りトーク集②

士業・コンサルタントにとっては、セミナー主催者、出版社も大切な人脈です。

セミナーの依頼を希望するなら、商工会議所の担当者に会いに行く

あるセミナーを聞きに行った先で、ある商工会議所のセミナー担当者と知り合いました。

セミナー講師としての仕事が見込めそうだと思い、「今度、**情報交換にお伺いして**もよろしいでしょうか」と尋ねてご快諾いただきました（たいてい「いいですよ」と言ってくれます）。後日お伺いしたところ、十分に情報交換ができ、セミナーの仕事を数多くいただけました（ちなみに私が言う情報交換とは、「今どんなセミナーが求められているか」という情報をお尋ねし、「私はこんなセミナーができます」という情報をお伝えすることです……）。

雑誌等の執筆を希望するなら、出版社の担当者に会いに行く

『近代セールス』という金融機関向け雑誌から取材を受けたことがあります。そこで、もし金融機関時代からなじみ深い誌面に寄稿できたら……と考えた私は、東京出張の前に編集部に電話をかけました。「先月号で取材いただいた東川です。来週の東京出張時、お礼がてらにご訪問してもよろしいでしょうか」。答えは「ＯＫ」。面談時は、私の活動内容もお聞きくださいました。帰阪後すぐにお礼メールを書き、「講演・セミナーのテーマ一覧」を添付したところ、３ヶ月後に編集部から連載記事の依頼が！　同じ要領で、別の場所で知り合った『商業界』という雑誌の編集者に後日あらためて会いに行き、連載が決まったこともあります。寄稿したいのなら、少しでも編集部とご縁ができたときにアプローチすべきです。また、**自分が書ける記事テーマ一覧**の準備も怠りなく。面談の場で出しそびれても、お礼メールに添付すればＯＫ。もし面談が急に決まって資料が間に合わなければ、面談後に一晩で仕上げるくらいの気持ちで。まだ相手の記憶にあなたが残っている短い間がチャンスですから。

そのほか、「企画提案書を見てほしい」というのも便利な口実です。「あの時××の話ができる人を探しているとのことでしたが、そのテーマでの企画提案書を作成いたしました。お持ちしましたらご迷惑でしょうか」――「提案したい」という**意欲の表明**、「ご迷惑ですか」と**NOと言わせない尋ね方**がポイントです。最初に会ったときに相手のニーズをキャッチできていれば、かなりヒット率の高いトークになります。

専門家だからこそできる！自然な流れのアポ取りトーク

税理士会や社労士会などを通じて相談を受けた相手から「一度うちの会社へ……」と依頼される可能性は低いもの。2回目のアポを取りたいときは、自分から切り出しましょう。タイミングは2つ。「相手の課題が見つかったとき」と「辞去するとき」です。

相手の課題が見つかったとき

税理士の場合　「売上が上がらない状態で、資金繰りをよくする必要があるのですね。決算書を見せていただけましたら、ある程度効果的な提案ができますよ。よかったら明日にでもまたお伺いして、コスト削減が可能かどうかの診断をさせていただきましょうか。何時ごろでしたらご都合がよろしいですか」

社会保険労務士の場合　「御社の場合、○○の助成金を申請できる可能性がありますね。今日は診断表を持っていませんが、メールかＦＡＸで診断表をお送りさせていただきますので、ご記入いただけますか。来週は近くのクライアントを訪問する日になっていますので、そのときにでも寄らせていただければ、その診断表を見た上で申請可能な助成金の申込書をお渡しいたしましょう。来週の何曜日ならご都合がよろしいですか」

どの業種でも使えるトーク　「パソコンのトラブルが頻繁に発生して困っているのですね。私の知り合いでPCトラブル解決に詳しい者がいまして、私も困ったときは頼んでいるのですが、超特急で駆けつけてくれるので助かっています。今すぐ必要がなくても、あらかじめ知り合いになっていれば安心ですし、今度紹介させていただきましょうか。ちょうど来週、彼と会う予定ですし、お連れしましょう。来週なら何曜日がご都合よろしいですか」

❗辞去するとき

どの業種でも使えるトーク　「そろそろ私も行かないといけない時間ですね。では、次は……来週の月曜、午前か午後、どちらがご都合よろしいでしょうか」

2択を迫ると、思ったよりスムーズにどちらかを選んでもらいやすいのです（ブティックの販売員もよくこのようなセールストークを使っています）。とくに帰り際でバタつく時は「どうしてこの2択？」という疑問より先に、「じゃあ午前で」「午後なら」と相手もつい答えてしまいがちです。「流れ」を見て、気軽に言ってみてください。意外に奏功します。

仕事に役立つ「プレゼント」を手渡す約束をする

何らかの形で1回目の面談ができた際に心がけておきたいのは、**次の面会のきっかけとなるプレゼントorおみやげを見つける**こと。面談中はさまざまな話題が出るので、関連する資料やフォーマット、書類のひな型などを後日、実際に会って渡すのです。

たとえば、ある税理士の顧客訪問に社労士のあなたが同伴したとしましょう。その顧客は雇用契約書をつくってはいないが興味はあると感じたら、「それでは雇用契約書のひな型をお持ちしましょう」とさっそく次回のアポにつなげるのもよいですし、その場は軽くスルーしておいて後日お礼の電話をした時に「この前、雇用契約書の話が出ましたが、ご興味があるようでしたら、御社の状況に合うような雇用契約書のひな型がありましたので、お届けしましょうか」と、あらためて書類持参の許可を取るのもよいでしょう。また、相手がセミナー開催に興味がありそうなら、自分が持っているセミナー資料や参考書籍をお貸しする約束をするのもいいですね。

郵便はがき

料金受取人払郵便

神田支店
承　　認
8823

差出有効期間
平成25年1月
31日まで

101-8796

511

（受取人）
東京都千代田区
神田神保町1—41

同文舘出版株式会社
愛読者係行

毎度ご愛読をいただき厚く御礼申し上げます。お客様より収集させていただいた個人情報は、出版企画の参考にさせていただきます。厳重に管理し、お客様の承諾を得た範囲を超えて使用いたしません。

図書目録希望　　有　　　無

フリガナ		性　別	年　齢
お名前		男・女	才
ご住所	〒 TEL　　　（　　　）　　　　　Eメール		
ご職業	1.会社員　2.団体職員　3.公務員　4.自営　5.自由業　6.教師　7.学生 8.主婦　9.その他（　　　　　　　　）		
勤務先分類	1.建設　2.製造　3.小売　4.銀行・各種金融　5.証券　6.保険　7.不動産　8.運輸・倉庫 9.情報・通信　10.サービス　11.官公庁　12.農林水産　13.その他（　　　　　　　　）		
職　種	1.労務　2.人事　3.庶務　4.秘書　5.経理　6.調査　7.企画　8.技術 9.生産管理　10.製造　11.宣伝　12.営業販売　13.その他（　　　　　　　　）		

愛読者カード

書名

◆ お買上げいただいた日　　　　年　　　月　　　日頃

◆ お買上げいただいた書店名　（　　　　　　　　　　　　　　　）

◆ よく読まれる新聞・雑誌　（　　　　　　　　　　　　　　　）

◆ 本書をなにでお知りになりましたか。

1．新聞・雑誌の広告・書評で　（紙・誌名　　　　　　　　　　）

2．書店で見て　3．会社・学校のテキスト　4．人のすすめで

5．図書目録を見て　6．その他（　　　　　　　　　　　　　　）

◆ 本書に対するご意見

◆ ご感想

●内容	良い	普通	不満	その他（　　　　　　）
●価格	安い	普通	高い	その他（　　　　　　）
●装丁	良い	普通	悪い	その他（　　　　　　）

◆ どんなテーマの出版をご希望ですか

＜書籍のご注文について＞

直接小社にご注文の方はお電話にてお申し込みください。宅急便の代金着払いにて発送いたします。書籍代金が、税込1,500円以上の場合は書籍代と送料210円、税込1,500円未満の場合はさらに手数料300円をあわせて商品到着時に宅配業者へお支払いください。

同文舘出版　営業部　TEL：03－3294－1801

プレゼント持参の連絡はメールより電話で

ここで私がメールではなく電話での連絡をおすすめしたいのは、**直接会話することによって相手と交渉しやすくなる**ためです。メールだと、「わざわざお越しいただかなくても結構ですよ」と断りの返事が来たらそれまでですが、直接話をすると一度相手が遠慮しても「いえ、近くに行く用事がありますのでどうぞ遠慮なく」とワンプッシュすることができます。

メールへの添付をためらう資料を選ぶ

2度目の面談にこぎ着けることが目的ですから、「じゃあメール添付で送ってください」と言われないものをプレゼントに選べればベストです。セミナーでの配付資料などある程度ボリュームがあるもの、詳しい説明がないと活用しにくい就業規則などのテンプレート、コピーすると著作権に触れる書籍（とくに高額なものはお貸しすると喜ばれます）、オリジナルでないと意味がない申請書類などは、「メールではなく持参します」と言いやすいプレゼントです。お会いしたときに相手の状況に合わせて活用法を詳しく説明できれば、さらに両者の関係が近くなるでしょう。

「取材させてください」は断られない

「事務所便り」徹底活用術

私は雑誌で連載を持っており、企業や士業の事務所、金融機関などにしばしば「取材」に伺うことがあります。業界誌で読者層も限られているため、記事が掲載されても先方に大きなメリットがあるとは言い切れませんが、「取材させてください」とお願いすると、ほぼ例外なく承諾してくれます。おそらく相手は「自分のよいところを見てくれている、それを認めてくれている」と、うれしく思ってくださるのだろうと思います。また、「自分たちの活動が他の企業さんの役に立つのなら」と、利他の心でご了解くださるのでしょう。

誰にでもメディアは持てる。たとえば「事務所便り」

あなたもぜひ、企業を「取材」して記事にしてみませんか。今は雑誌だけではなく、ＨＰやブログ、メルマガなど簡単に自分が自由に編集できるメディアを持てる時代です。

私の知り合いの税理士は、オリジナルの「事務所便り」を上手に新規顧客獲得ツールとしても活用しています。掲載しているのは事務所の近況をはじめ、法律の改正や税金知識、おすすめのビジネス本など読者に役立つ情報のみならず、「取引先紹介」「優良企業」「経営者インタビュー」など周りの方々についての記事です。「これぞ」という方に出会うと事務所便りを手渡し、「あなたのお話はたいへん興味深く、読者も喜ぶと思います。詳しくお話を聞かせていただけませんか」と取材依頼しています。多くの場合、一度は遠慮するのですが、「いったんお話だけお聞かせいただいて、その内容次第で記事にするかどうか判断するということでは……」と再度お尋ねすると、たいていどの方も承諾するとのことです。

取材すれば、相手との心理的な距離も縮まる

取材はそれなりに時間がかかりますから、それだけで相手との距離はグンと縮まります。また、取材で1回会い、その記事の原稿を見せに行くのに1回、取材して完成した事務所便りを届けに行くのに1回と、少なくとも3回は相手と会う理由が生まれます。接触を繰り返せば話も深まり、多くの情報をやりとりできるので、互いに仕事を融通しやすくなります。結果、紹介の仕事が増えたとその税理士も喜んでいます。事務所便りを外注任せにしている事務所もありますが、おざなりの内容ではすぐにゴミ箱行きとなることが多いもの。オリジナルな事務所便りなら読者との関係も密になり、新規顧客獲得のツールにも使えるのです。

自分のセミナー受講者を訪問するためのトークテクニック

あなたがセミナーを開催している場合、よいセミナーをすれば、受講者の方から仕事の依頼が来る……ことは、ほとんどありません。内容が充実していて、受講者にとって当日のテーマがタイムリーで、「すぐにでも仕事を依頼したい」と言われる幸運はごくまれです。セミナー後のアンケート結果がどれほどよくても、講師自ら動かなければ、仕事の依頼につながることはまずありません。

セミナー後、講師の自分から名刺交換に行く

私がセミナーで話すときは、よくうなずく人、メモをとる人、前のほうに座って熱心に聞く人などをチェックし、セミナー終了後に自分から名刺交換に行きます。「名刺交換は受講者の側から行くもの」と思っている受講者も多いので、講師側から積極的に名刺交換に行くと喜んでもらえます。その際、お礼の言葉を添えながら、「よくうなずいてくださったので

気分よく話せました」「たくさんメモをとっていらっしゃいましたが、何かお役に立てるようなことはありましたか」「あれだけ熱心に聞いてくださると話にも熱が入ります」といった相手の行動に触れると、さらに互いの距離が近くなります。

名刺交換時に相手の住所に触れて、訪問への糸口をつくる

名刺交換時、私は相手の住所を見ます。「会社は○○市ですか。実は私の顧客が近所で、よく行くんですよ」と（真実かどうかはさておき）言い、「またいろいろお話をお聞かせいただきたいので、その顧客を訪問した時にでも御社へお伺いしましたらご迷惑でしょうか」と尋ねます。「はい、迷惑です」と答える人はまずいません。「近日中に顧客訪問の予定がありますので、そのときにでも事前にご連絡を差し上げますね」と言って名刺交換を終わらせます。その後、1週間以内に電話をかけてアポを取ります。「先日の○○セミナーで名刺交換の際、御社近くの私の顧問先に訪問するときは御社にもぜひお伺いします旨をお話ししましたが、○日の○時ごろ、社長はいらっしゃいますでしょうか」。

初回訪問でいくつか相談を持ちかけられたら、即座に解決法を示したいものです。しかし**少なくとも相談事のうちひとつは「宿題」として持ち帰り**、2度目、3度目の訪問へとつなげましょう。何度も会ううちに顧問契約に至ったケースが、私もいくつもあります。

自分のセミナー受講者に「無料訪問相談券」を配布し、その場で回収する

前項のアクションが難しいようなら、「訪問するしくみ」をセミナーの中に組み込むのも一案。「無料訪問相談券」をセミナーで配布するのです。ここで大切なのは、回収率。たまにチラシ下部に「無料相談申込書」と印刷して配布している方を見かけますが、配布だけでは回収率が上がりません。私は次のようなトークを使っています。

❗回収率アップのために、その場で記入してもらう

セミナー終了間近に私が話すポイントは、以下の4つです。

①「実は今日のセミナーには、私がみなさんの会社に訪問し、無料でご相談いただける『無料訪問相談券』がついています」（チケットの内容をシンプルに説明）

②「帰ってから申込みをするのは面倒だと思いますので、ここでお申込みいただいても結構です。必要事項を記入の上、受付までお渡しください」（その場の記入を促す）

（株）○○○○　△△△（株）共催セミナー

「～ダメ社員をカイゼンする～　問題社員への指導＆教育法」（平成○○年□□月△△日開催分）ご参加の皆様限定の特典をプレゼントします。

このチケットをお持ちの企業様については、講師を務めた藤井社労士が御社に直接ご訪問のうえ、無料相談にお応えいたします。

すでに顧問社労士のいる企業様でも客観的な意見を聞くセカンドオピニオンとしてご活用ください。ご相談の秘密を厳守し、無理に契約をすすめたりしませんので、安心してお申し込みください。

この機会に問題社員へのストレスから解放されるための一歩を踏み出してみませんか？

無料相談お申込み書（メールまたはFAX、電話にてお申し込みください）			
会社名		電話番号	
お名前		メールアドレス	
住所		希望日時	① ② ③
【連絡先】E-mail：mail@kfujii.net　Tel：075-256-8488　Fax：075-256-8489			

平成○○年○○月○○日お申込み分まで有効

※２週間程度の「申込有効期限」を忘れずに記載

※印刷は自宅や事務所のプリンタで十分ですが、きちんとデザインされた「チケット然」としたもののほうが、あなたの本気が伝わって効果的。市販のチケット印刷用紙やデザインテンプレートなどを活用しましょう。

③「希望日時が合わなければ、調整のためにこちらからご連絡します。今すぐ日程が決められない場合も、調整のためにこちらからご連絡しますので、訪問希望日時を埋めずにお渡しいただいても構いません」（不完全でも提出できることを知らせて安心してもらう）

④「なお、『無料訪問相談券』はセミナー料金の中に含まれています」（使わないと損！）

自分のセミナー受講者に勉強会の誘いを送る

セミナー受講者の中に見込み客を見つけても、その人々が「しつこく営業されるかもしれないから、訪問まではちょっと……」と考えていることもしばしばあります。前項の「無料訪問相談券」を使ってもらえず訪問への手立てがない場合は、もう一段階クッションをはさみましょう。あなた自身が主催する勉強会に相手を誘ってみませんか。勉強会とは、他社の事例研究や参加者自身の会社が持つ課題について話し合う集まりです。

勉強会は、5名以下の少人数で

見込み客を顧客にするのが目的なので、できる限り密な関係になれるような少人数の会合にしましょう。人数が少なければ個別の案件について詳しく話ができるため、聞く側も納得しやすく、参加者同士の結びつきも強くなって満足度が高まります。また、濃い内容の話をやりとりすることで相手の会社の内容も深く把握できるため、相手の潜在ニーズに対する提案材料が見つかることもよくあります。何よりも、同じ場所で同じ勉強をすることで、強い共感や仲間意識が生まれるのが一番大きなメリットでしょう。もちろん勉強会は1回限りではなく、複数回の開催も可能です。

内容の充実した1回の勉強会、あるいは複数回の勉強会を通して「ある程度の信頼関係ができた」と思ったら、会合のあと個別に声をかけて「勉強会の中でお話ししたことですが、**もう少し細かく説明したほうがいいと思いますので、**近いうちに御社を訪問して詳しくお話ししましょうか」と提案するのもおすすめです。ここまで来れば、相手から断られることもそうそうないでしょう。「営業」という堅苦しい意識を持つことなく相手の会社を訪問し、マンツーマンで話をすることができるようになります。

誘いは、セミナー後1週間以内に

初めての出会い以降、できれば1週間以内に誘いの連絡を入れましょう。見込み客になりそうな度合いが高い相手なら、「無料訪問相談券」の回収先よりも優先して二度目の会合を設けるべきです。チケット回収先は訪問の約束がほぼできているようなものですから、後回しでも構いません。回収できていない相手にこそ、セミナーの記憶が薄れないうちに早めのアプローチを心がけてください。

5章

2度目の対面、何を話すか？仕事につなげるトーク集

2度目にやってきたチャンスは貪欲に活かす

人間関係を深めるには、リアルに数多く接触することが大切ですが、難しいのが、同じ人に何度もアプローチすることですよね。それは承知の上で、声を大にして言いたいのは、**2度目のチャンスを貪欲に活かす**ことの大切さです。

私がまだ駆け出しのコンサルタントだった頃、大規模製造業の経営者が主催する異業種交流会に出席しました。私はその方にたいへん憧れていて、一度ゆっくりお話ししたいと思っていたのです。交流会の間はお忙しいだろうと思って名刺交換だけにとどめていましたが、その後の懇親会への道中は彼の近くの位置をキープ、お店ではすかさず正面の席を確保しました。そこで彼の話に大きく反応したり質問をしたりするうち、私の事業について尋ねてくださったのです。彼がいま販促分野で思案中という話は聞いていたので、販促については腕に覚えがある旨をお話ししたところ、興味をもっていただいてもう一度会う約束ができました。訪問前には、そのときの話から求められるものを推察して万全の資料を用意し、実際の面談で、めでたくコンサルティング案件の受注につながりました。

2度目に会ったとき、人間関係を「振り出し」に戻さなくていい

セミナーの講師、交流会の主賓や幹事など、人気が高く取り巻きの多い人と知り合えても、最初は気後れするもの。名刺交換時にも行列ができ、後ろで待つ人のことを思えばその場の長話を控えるのは当然のマナーです。しかしその後、当日の懇親会や、あるいは別の日にどこかで偶然2度目に会うことができれば、今度は思い切って近づいていきましょう。**すでにお会いしていますから、もう「知らない人」ではありません**。相手がよく覚えていない様子でも、2回目であることを伝えれば朗らかに対応してくれるでしょう。

このとき、初対面の時と同様に奥ゆかしく振る舞うのはナンセンスです。人間関係を振り出しに戻す必要はありません。積極的に会話をしに行くか、すぐには無理でも、せめて近づきやすいポジションを確保したいものです。懇親会の場なら、主賓（講師）はたいてい会場の真ん中あたりに席が設けられているので、その近辺に自分も座るようにしましょう。相手の隣か正面、斜め正面などが、親密な会話が交わしやすい好位置。ここでの会話が、人間関係を強める第一歩となります。

「2度目のチャンスこそ本番」のつもりで、積極的に前に出ましょう。

いきなり仕事の話をしない

さて、めでたく訪問の機会を得ると「相談を持ちかけてもらって即座に解決↓力量アピール↓顧問契約」というシナリオが浮かぶかもしれませんが、会ってすぐに「御社の課題は何ですか。私がお手伝いしましょう」とガツガツすれば、相手の警戒心を高めるだけです。知り合ったばかりの相手に、本気の本音で諸問題を打ち明ける経営者なんてなかなかいません。本音で話してもらうには、まず関係構築。そのとっかかりは仕事の話ではなく、雑談です。

いきなり仕事の話に入って顧客に嫌がられていた私

金融機関に勤務していた若き日の私は、典型的なダメ営業でした。通えば通うほど顧客との関係は悪化し、「あの担当者変えて」というクレームも日常茶飯事。そんな中、少しずつ関係が築けた顧客が1件だけあったのです。ある日、思い切ってその方に「お客さんと関係をつくるのが下手で……。でも、どうしたらいいのかわからないんです」と相談しました。

そのときに言われたのが、「まず世間話から入れ」です。そのお客さんは私にこう言いました。「君、いつも来てすぐ仕事の話を始めるから、仕事上のつき合いしかできない人やと思われてしまうねん。普通は世間話から入って、ある程度、場がほぐれてきてから『ところで、今日は○○の件で来ました』と切り出すモンや。君と話してたら落ち着かん」。

雑談で相手にリラックスしてもらうことが最初の課題

その会社はのんびりした田園地帯にあったということもあり、「ここみたいな田舎なら、30分ぐらいは軽い話をして相手にリラックスしてもらうといいんじゃないかな」というアドバイスもいただきました。もちろん、30分がいいのか、数分程度で切り上げるのがいいかはケースバイケースです。場合によっては「世間話はもういいから、君は今日何をしに来たのか」とクールに尋ねられることもあるでしょう。

いずれにしろ**「いきなり本題に入らない」「最初は雑談で場をほぐす」**で私の営業スタイルが様変わりし、顧客の反応が明らかに変わったのは事実です。「君もずいぶん落ち着いてきたねえ。話がしやすくなったよ」と、少しずつ「人間対人間」の信頼関係を築いていけるようになりました。

では、雑談といっても何を話せばいいのでしょう。詳しくは次項以降で。

訪問時の話題さがし①

事前にネットで相手の情報検索

やはり最初はきちんとした挨拶が必要です。私はいつもこのような挨拶をしています。

「こんにちは。今日はお忙しい中お時間をつくってくださり、また、先日はセミナーにお越しいただき、ありがとうございました。ちょうど近くのクライアントに用事がありましたので、訪問させていただきました」。

その後は流れに任せた世間話や雑談を……といっても、その流れをつくるのはあなた自身です。わざわざ時間をつくって訪問を受け入れてくれた相手には何の義務もありません。さあ、「いい流れ」をつくりましょう。いい流れには、しっかりした下準備が必要です。

❗相手企業のＨＰは必ずチェック

訪問前に相手企業のＨＰをチェックしない人はいないでしょう。たいていの企業はすでにＨＰを開設しているはずです。**創業年、メインの商品・サービス、取引先、経営理念**など、当日の話題として使えそうな情報をピックアップしておきましょう。

経営者個人については、ブログや名前検索も有用

経営者の**出身校、趣味、スポーツやボランティアなどの社外活動**といった個人的な情報は、会社ＨＰに載っているケースもありますが、ブログがあればより詳しくわかります。**家族やペットなど大切にしているもの**について書かれていることもあるので、少し前の記事にも目を通しましょう。また、経営者の氏名で検索すると意外な情報が見つかることもあります。

たとえば相手が、元・高校球児だったら……

「ご訪問前に御社のＨＰを拝見しようとネットを見ておりましたら、社長、ブログもなさっているのですね。元・高校球児だったとは……。○○高校といえば甲子園常連校ですよね。レギュラーだったのでしょうか。そういえばあのころ△△という名物ピッチャーがいましたね。彼とは対戦なさったのですか。彼以外の同期選手といえばどなたが……」

出身校、当時の有名選手などをある程度（少しで十分）調べておけば質問に困りませんし、質問に答えることで相手も自然に口を開くことができます。事前準備、怠りなく。

訪問時の話題さがし②

まずは会社のことから

　会ってすぐの会話では、**会社の立地、社屋の印象、社内の雰囲気や受付の対応**などに触れるといいでしょう。**応接室や社長室の本棚に話題の雑誌やビジネス本**があれば、さりげなく話に出してもいいですね。しかし最初の挨拶代わりのような会話が終われば、メインで話すのはあなたではなく相手。スムーズに話してもらえる話題は、やはり会社についてです。

会社が取り扱っている商品・サービスの優位性、会社の過去・未来

「御社の○○という商品は○○という点が好評らしいですね」と振るだけで、商品や事業に対する思いがあふれだし、止まらないほど話し続けてくれる経営者は数多くいます。

また、創業エピソード、ヒット商品やサービス、会社の転機ともいえる成功談などに水を向けると、ストーリー仕立てで熱心に話してくれる経営者も少なくありません。その流れで今後の展望を尋ねれば、自然に答えてくれるでしょう。とくに将来の話には、その企業とあ

なたとのつき合い方のヒントがいっぱいです。**「来年の融資を考えているならキャッシュフローの見直しが要る」「来年の新事業の前には新規採用が起こる」「数年後に引退予定なら後継者教育が必須課題」**など、情報と自分のサービスとの関連をイメージしましょう。

❗経営理念について語りたい経営者は多い

どの経営者も経営理念をとても大切にしています。経営理念には、経営についてのみならず経営者の人生の目的も表現されており、語るべき経緯や背景がかならずあるのです。以前、私は見込み客にこんな質問をしてみました。「御社のＨＰで拝見したのですが、『仲間の尊厳』『誇り高く生きる人間として』など精神性を重視した企業理念をお持ちですね。この理念には何かわけが……？」。するとその経営者は、草創期から現在に至るまでのドラマチックな歴史を語り始めたのです。私もその内容と語り口の熱さに胸を打たれ、お互いの距離が一気に縮まりました。

ここで、経営理念を話題にするときの注意点をひとつ。**相手の経営理念を尋ねれば、ほぼ確実に自分も尋ねられます**。あなたも明快に語れるようでなければ、信頼関係は築けません。普段から経営理念をわかりやすく伝える準備をしておきましょう。

訪問時の話題さがし③
相手のプライベートにも触れてみる

会社や経営の話ばかりでなく経営者個人について話すことができれば、お互いにより親近感が持てます。とくにプライベート面で両者共通のものが見つかれば話は弾み、共感や仲間意識が芽生えて親密度が増します。いきなりの私的な質問は失礼ですが、両者の距離が少し縮まった頃合いに、ＨＰなどで公開されている情報から話題に出してみましょう。

【経歴・背景】出身校、出身地、家族構成…

なかでも**出身校に愛着を持つケースは多く**、もし相手もあなたも同じ母校ならきっと心理的距離も近づくでしょう。私も、あるパーティでお会いした同じ母校の経営者にとても親切にしていただいたことがあります。それまでは敬語で話しておられたのですが、同じ出身校だとわかると「後輩」に対する口調になり、最終的にはその会社の研修の仕事をひとつ任せていただけたのです。そのほか、出身地や家族構成、誕生日、血液型、友人関係など、相手の経歴や背景について話題にのぼらせてみてください。

【経験】趣味、旅行、住んでいた場所、感銘を受けた言葉、最近読んだ本…

会社HPの経営者プロフィール欄、経営者のブログやSNSサイトをチェックすると、このあたりの情報が出てくることがあります。これも、もしあなたと共通のものがあれば積極的に切り出してみましょう。経験者同士だからこそわかり合える親密な話ができます。

【好み】食べ物、お酒、応援しているスポーツのチーム…

昔、見込み先へ訪問したときのこと。社内を見渡すと、地元・大阪のスポーツ新聞が置いてありました。社長のごひいきはタイガースか、昨夜の試合の相手チームか……？　うっかり発言して相手の気分を害しては台なしなので、こんな言葉を投げかけてみました。「○○さん、**昨日の試合は少し不満が残りましたね**」。よほどスカッとした試合でない限り、ファンはどんな勝負でも「不満が残る」ものなのです。まさにその社長は「そやねん、勝ったからエエけど最後はやっぱり藤川に投げてもらわんと」と言い、自分と同じタイガースファンだと確信した私はその後もタイガースが勝った話を続けて盛り上がりました。社長がもし相手チームのファンだったら、早々に別の話題へ移ればよいだけです。

訪問時の話題さがし④

それでも話題に困ったときは

事前に話題を準備していても、ことごとく裏目に出ることがあります。そんなときには、「**きどにたてかけし衣食住**」という古典的キーワードを思い出してください。TPOに合わせて自己流にアレンジするのもいいでしょう。大切なのは相手に気持ちよく喋ってもらうことです。私は自分ばかり喋ってしまい、相手を不機嫌にさせたことが何度もありました。賢明なみなさんは大丈夫だと思いますが、どうか私と同じ轍を踏まないようにしてください。

【き】↓季節の話。「桜がきれいに咲いていますね」「鍋がおいしい季節ですね」など、話のきっかけに。

【ど】↓道楽、趣味の話。趣味が同じなら話も弾みます。同じでなくても、相手の趣味について興味を持って詳しく質問すれば、快く答えてくれるでしょう。

【に】↓ニュース、時事ネタ。金融機関時代に、日経新聞を読み忘れてお客様に「新聞も読んでないのか」と怒られた経験があります。新聞・ニュースサイトのチェックは必須。

【た】↓旅、旅行の話。旅の話題は、たいてい楽しい記憶につながっているものです。同じ場所に行ったことがあれば、それだけでも盛り上がります。

【て】↓天気の話。「暑くなってきましたね」「すごい雪ですね」など共感を得やすい話題ですが長続きしません。**そこからどう話を展開させるか**、あらかじめ考えておきましょう。

【か】↓賭け事の話。仕事の場で賭け事の話は本来避けるべきで、振られても「**あまり詳しくなくて**」と受け流すのが得策。ただし競馬だけは「賭け事ではなくロマン」と考える人もいます。相手がお好きなようなら「ロマン」路線で話をつなげていってもいいでしょう。

【け】↓景気の話。経営者好みの話題ですが単に「景気が悪いですね」ではなく、「ある講演で聞いたのですが、国内向けの工作機械の受注額が増えているらしく、景気好転の可能性も近そうですよ」と**根拠のある明るい話**を始めれば、経営の話に自然に移行できます。

【し】↓仕事の話。「**御社がお客様から一番評価されている点は？**」と質問してみましょう（前々項やその前の項の応用です）。相手も気持ちよく話せますし、そこから相手の強みも見えます。一石二鳥とも言える話題でしょう。

【衣】↓衣類　**【食】**↓食事　**【住】**↓住居。生活に対するこだわりがハッキリ表れる3つの話題。相手が大切にしていること・ものを知れば、その後の会話が楽になります。

他社の事例を出して、相手の課題を引き出す

初回面談時に本音の相談をしてくれる経営者は少ないとお話ししました。雑談から始まって経営の話に移り、徐々に会社の問題点や課題を先方から進んで話してもらえればベストですが、なかなか出てこないのが一般的です。相手の警戒心のせいなら場をほぐすことが先決ですが、経営者自身が課題にまだ気づいていないことも多いのです。

そこで有効なのが、他社の事例を出すこと。具体的な事例を聞くと相手は自社に当てはめて考えるので課題を見つけやすくなりますし、それがもしあなたが解決した案件なら経験と実力のアピールにもなります（自分の事例でもないのに、さも手がけたような嘘をついてはいけません。それはやり過ぎです）。「もしかして課題を話してもらえないかもしれない」という事態を想定しておき、いくつかの事例を頭に入れてから訪問に臨みましょう。

！相手がセミナー参加者なら、セミナー内容に沿った事例を

あなたのセミナーに参加した顧客を訪問するときは、そのセミナー内容に沿った事例を出すことで相手の課題に近づいていきます。たとえばこんな感じです。

「先日のセミナー、熱心に聞いていただいてありがとうございました。あのセミナーではどの部分が参考になりましたか」「やはり、銀行とのつき合い方のコツのところかなあ」「そうですか。他の参加者の多くも、その点に興味を持っておられるんです。ところでその銀行とのつき合い方ですが、この前こういう件がありまして……」

と事例を語った後、「ところで御社は銀行に不満はありませんか」と質問します。「**○○に不満はありませんか**」と聞くと、たいてい○○に対する不満が出てくるもの。そもそもこの経営者はセミナーで聞いた「銀行とのつき合い方」が参考になったと言っているのですから当然ですね。その○○を丁寧に尋ねていくと、具体的な課題が浮き彫りになります。

❗セミナー参加者でなければ、相手の同業他社の事例を

相手がセミナー参加者ではなく情報が少ない場合は、先方の業界によくある課題や事例を知り合いの士業などから仕入れておきます。「この業界はこの点がよく問題視されていますね」と事例を交えて話すと相手の興味も湧きます。ここでも事例の最後に「ところで御社は○○に不満はありませんか」と質問し、相手の課題に近づいていきましょう。

6章

あと一歩！
関係をグッと深める10アクション

ノウハウを出し惜しみしない

人脈を深めるために不可欠なこととしてよく言われるのは、相手に「ＧＩＶＥする」（与える）こと。先々のことを考えれば、**ノウハウの囲い込み・出し惜しみは、損！**　です。これは私が独立当初から実行してきたことで、自信を持って断言できます。

自分のノウハウは囲い込まないこと

今も「録音禁止」や「内容は他言無用」、「レジュメの複製・転載禁止」とされるセミナーに出くわすことが少なくありません。苦労して得たノウハウは生活の糧、それを盗まれては……と危惧する気持ちもわかりますが、「もったいぶる人」「ケチな人」「セコい人」というレッテルが貼られると、信頼し合う人間関係は絶対に築けません。

ノウハウを出し惜しみするデメリットは、それだけではありません。「ノウハウを囲い込む＝ブラッシュアップの機会を断たれる」ということですから、あなたのノウハウが劣化するのは時間の問題です。しかし**オープンにすれば、多くの人からフィードバックがあり、さらに洗練された内容に進化**するでしょう。

　真似されてもいいじゃないですか。どんどん真似してもらいましょう。そう考えれば、**真似した人との関係も悪化しません**。人前で「このアイデアは○○さんからもらったんです」と宣伝してもらえたり、そのノウハウをきっかけに相談を持ちかけられたりして、より強く、濃い関係になることもあるでしょう。

　私も「資金調達セミナー」や「商工会議所等からよばれる講師セミナー」で、自分のノウハウをどんどん公開しています。参加者にレジュメを配布するのはもちろん、希望者には当日喋るシナリオも、プレゼンのためにつくったパワーポイントデータもさしあげています。丸ごと真似されても、自分仕様に改変して使ってもらってもいいんです。その損失より（そもそも損失だとも思っていません）、公開したノウハウについて多くの方々から意見をもらえ、それによって自分のノウハウがさらに進化したり、「こんなノウハウを公開している人がいる」とまた別の誰かを紹介してもらえることのほうがずっと大きなメリットなのです。

　ノウハウを完璧に囲い込めれば安泰、と思った瞬間、その人は努力を怠るようになり、成長が止まるでしょう。本当に大切なのは、進化のないビジネスを死守することではなく、周りの反応に丁寧に耳を傾けながら自分を成長させ続けることではないかと私は考えます。

提供する情報は「相手が必要としている」ものを「具体的に」

経営コンサルタント、セミナー講師という仕事柄、士業・コンサルタント・講師と知り合う機会が数多くあります。そのなかの少なからぬ方々が、「自主セミナーを開催するのではなく、外部のセミナーから講師として招かれたい、声をかけてもらいたい」というニーズを持っているので、私も普段からそういった方々のサポートを心がけています。

先ごろ知り合った研修講師にも、セミナーエージェントへの登録をすすめました。自分に合ったエージェントを選びやすいように各社の傾向も合わせてお知らせしたところ、相性のよいエージェントに登録できたとたいへん感謝されました。今は全国各地からよばれる売れっ子講師として活躍中です。研修の場では経営者から相談を受けることも多いとのことで、自分の専門外分野の相談相手として、私をよく紹介してくれます。私としても、見込み客と「紹介」という形で出会えるのはとてもありがたい話です。

具体的な情報なら、相手も行動を起こしやすくて助かる

知り合えた場で相手の情報を収集するときには、「相手が何を欲しているのか」を意識することが大切です。そして、相手の求めるものについて自分が何らかの情報を持っていれば、惜しみなく伝えましょう。

そこで大切なのは、その情報が具体的であることです。私の場合だと、単に「エージェントに登録すればいいですよ」だけでなく各社の特徴、もし尋ねられれば報酬額の設定方法まで隠さずお話しします。また、「講師としてよばれる」ために役立つセミナーの開催情報、自分がセミナー講師として選ばれたときの体験談を話したりすることもあります。さらに、要望があれば、採用されやすいセミナー企画書のアドバイスや添削まで行ない、その方のセミナーのクオリティが高ければセミナーエージェントに直接、紹介することもあります。

講師としてよばれたい人が必要とする情報を徹底的に具体的にお伝えすることで、相手が喜んでくださる。そうすることで、初めて自分に返ってくるものがあるのです。

注意したいのは、押しつけがましくしないこと。たとえよかれと思っても、親切の押し売りになっては相手も辟易します。私も普段から気をつけたいと肝に銘じています。

人に何かを「紹介」できないか？を常に意識する

人に何か「紹介」できないかと普段から意識しておくと、それに比例して自分に回ってくる仕事も増えていきます。

私には懇意にしているセミナーエージェントがいくつかあるのですが、それらのエージェント会社から「○○の話ができる講師を探しており、適任のお知り合いがいれば紹介してくれませんか」という相談が頻繁にきます。

その都度、私は心当たりのある講師に「エージェントさんが○○の話ができる講師をさがしていると言っていますが、△△さんはできそうですか？」と尋ね、ＯＫならエージェントに紹介します。

見事にマッチングが相成ったとしても、それで双方からお礼をいただくことはありませんが（いえいえ、本当に不要です）、どちらからも感謝されて私もうれしい限りです。このようなおつき合いが続いているおかげで、エージェントからは積極的にセミナー依頼をいただだいていますし、私がエージェントに紹介した講師のみなさんからも何らかの形でお返しをいただくことが多いのです（「返報性の法則」をご存じでしょうか。「もらってばかり」だと思うと心理的に落ち着かず、何か返そうとするのです。ありがたい話です）。

「探す人」と「求められる人」の間に立つ

「私の知り合いが○○といった仕事のできる士業やコンサルタントを探している」「知人の会社が○○の研修企画を立てているが、講師が見つからなくて困っている」「取引先の会社で社内報をつくっており、原稿を書く手伝いができる人物を募集している」。そういった「探しています」という情報発信をよく行なっていると、「探す側」からは「○○さんに聞けば、適した人を紹介してくれる」と自然にどんどん情報が集まります。また同時に、「紹介される側」からは「○○さんと知り合っておけば、有益な情報を教えてもらえる」と自分から近づいてきてもらえます。

そもそも自分ができない分野の仕事を他の誰かにお願いするだけのことなので、あなたは何も失うものも損することもありません。それどころか相手に喜ばれることがほとんどですから、仕事の情報は積極的にシェアするようにしましょう。損がないどころか、必ず自分に返ってきます。

仕事の情報を一人占めしない

自分が一人で引き受けたい仕事を、仲間とシェアする。簡単なようでいて、ちょっと難しいこと（?）ですが、一人占めしなかったからこそ成果を得られたケースもあります。

私がある創業塾（商工会議所が主催する開業セミナー）の講師を担当したときのこと。参加者のなかにひとりの編集者がいました。大手経営コンサルタント会社の会員向け小冊子の担当者でした。創業塾の後もよく飲み会などを催して顔を合わせる仲になったところ、ある日、その編集者から「ウチの小冊子の原稿を書いてもらえる人を探しているのですが、誰かいませんか」と相談を受けました。

テーマは自由、発行部数は全国2万部。自分の名前を広く売り出したい私には、またとないチャンスです。「書ける人を探してみます」と答えたその時点では、恥を忍んで告白しますと、私は自分ひとりでこの仕事を請けようと思っていました。が、企画書をつくりながら「こんないい情報を自分ひとりが独占してはいけない」と考え直し、「目下売り出し中」で原稿を書けそうな周りの専門家に「こんな執筆依頼があるのですが」とメールを送付。そのうち20人以上から立候補の連絡があったので、企画書のフォーマットを統一して全員の企画書を取りまとめ、もちろん自分の企画書も添えて編集者に送りました。

相手もその後、大きなチカラになってくれる

採用されたのは、そのうち2名のみ（私の企画は不採用……）でしたが、2名とも駆け出しのコンサルタントや士業で、この小冊子発行をきっかけに多くの仕事を受注するようになりました。このふたりをはじめ、当時メールをお送りしたみなさんから大きく感謝されたのは言うまでもありません。私のセミナー集客や出版告知など、ことあるごとに快く協力してくださって、本当にありがたいことだと思っています。

また、小冊子の編集者は私の企画が流れたことを申し訳なく感じつつ、多数の企画書を取りまとめた労をねぎらってくれました。さらに次回募集時の採用につながるアドバイスなどもあり、翌年、私の小冊子もめでたく発行の運びに。その小冊子のおかげで多方面からコンサルティングやセミナー依頼が入り始め、また自分のプレゼン材料として冊子を見せた出版社から、雑誌記事の執筆依頼もよくいただけるようになりました。

「おいしい」情報を一人占めしなかったからこその成果、だと思っています。

意中の人のサポートスタッフとして手伝う

憧れの人、意中の人がいるのなら、「その人の役に立ちたい」という気持ちをぜひ大切にしてください。私の場合、この気持ちから人脈と仕事の幅が広がりました。

私が独立当時に入居していたインキュベーションオフィスの所長・吉田雅紀さんは、地方自治体の大プロジェクトを任されるような、雲の上の存在ともいえる有名コンサルタントです。将来のロールモデルとして憧れていましたが、近づくきっかけがつかめませんでした。

そんなある日、彼の経営する企業が起業家向けイベントを主催すると聞き、そのお手伝いを申し出ると即ＯＫをいただけました。当日は会場でゲスト講師の書籍を販売しており、張り切って口上を述べたところ、めでたく完売しました。著者の先生は「今までこんなに売れたことがない」と大喜びし、その後のスタッフの打ち上げでは吉田さんがわざわざ私の席までお礼を言いに来てくださって感激したのを今も覚えています。それから急速に仲がよくなって時々イベントを手伝ううちに、アドバイスのみならずコンサルタントの仕事まで紹介してくれるようになりました。

その後、経済産業省の肝煎りでスタートした吉田さんプロデュースの創業者創出プロジェクト「ドリームゲート」に参加することで私の人脈は飛躍的に豊かになり、さらにセミナー講師としての依頼が入り始めて、仕事の幅まで広がったのです。

意中の人を手伝うヒントはネットなどで簡単に見つかる

知り合いだけれど、それほど親密でもない。でもどうしても関係を深めたい相手がいれば、その人の動きを普段からチェックしましょう。セミナーや勉強会を主催しているなら、そのサポートスタッフとして手伝うことで接触回数が増えます。スタッフとして参加すれば打ち上げや懇親会にも気軽に声をかけてもらえるようになって、距離が自然と縮まっていきます。

また、その人がセミナーや勉強会を主催していなくても、ＨＰ、ツイッター、Facebook、ブログなどで自分の行動をオープンにしている場合が少なくありません。それらのソースから、自分が何かの役に立てるヒントを見つけることは難しくないはずです。

ただし、何度も手伝っていると、「それが当然」と思われてしまうおそれもあります。毎回ではなく、２、３回に１回に抑えるなど、サポートの頻度や回数には気を配りましょう。

聞ける範囲で無理を聞く

相手にＧＩＶＥする、人の役に立つといっても、どこまでやればいいのか？　判断に迷う場面も出てくることでしょう。一見、厳しい条件であっても、それを受け入れることでその先に仕事が広がるケースをひとつご紹介しましょう。

「報酬は少ないのですが……」という遠慮がちな言葉とともにセミナー講師の依頼が入ることが時々あります。私のセミナー先は商工会議所が多いのですが、商工会議所に限らず今はどこも予算がシビアです。数年前から多くの商工会議所さんを紹介してくださる、ある方からも、同じように控えめな報酬額での打診が増えています。もちろん私も基準料金は定めていますが、「ぜひあなたに」と言ってもらえて、うれしくないわけがありません。先方も予算ギリギリとのことなら、快くお引き受けするようにしています。するとその方は、「今回は無理を言って安くしてもらったから、次はもっと高い報酬のセミナーを」「もっと好条件の仕事を発注できるお客さんを紹介して、今回の埋め合わせを」と思ってくれるようになり、今はセミナー依頼のみならず、コンサル案件の紹介もしてもらえるようになりました。

厳しい報酬で引き受けることは、単なる値引きではないのだと実感しています。

相手は「厚かましい人」か？「困っている人」か？

報酬額であれ、スケジュールであれ、「相手がこの厳しい条件を呑んでくれたらラッキー」くらいにしか考えていない「厚かましい人」にとっては、あなたは単に「便利な人」です。苦労してオーダーに応えても、その人から新しい仕事や見込み客の紹介がわき起こる可能性は低いでしょう。ビジネスライクに接して構いません。私の場合は、報酬額なら基準料金を提示し、無茶なスケジュールなら丁寧に、しかしきっぱりとお断りします。

一方、「無理を言っているのは自分でも理解しているが、なんとか助けてほしい」と控えめに頼んでくる人は「困っている人」で、あなたは「相談しやすい人」。そう考えると、少しくらい厳しい条件なら呑んでもいいかなという気になります。その人情は、正解です。あなたが多少無理して相手に合わせたことを、相手もかならず意気に感じ、「次はもっと好条件の仕事を」と心がけてくれるでしょう。大きな負担のない程度の「貸し」は返ってくるものなのです。ただし、無理を聞いて引き受けた格安の報酬額や特別タイトな納期スケジュールは、他言無用にしてもらうことを忘れずに。

ご近所の仲間に無料or格安でサービス

あなたが独立直後なら、ご近所の仲間の相談に無料、あるいは格安の費用で対応するのも一案です。

私の場合、独立直後はインキュベーションオフィスに入居していました。入居者全員が、「まもなく起業する人」「したばかりの人」です。「さあ、これからだ！」という希望を共有していたためか、そのオフィスでは普段から入居者同士の交流が盛んでした。お互い相手の事業内容については今ひとつ理解できていなかったかもしれませんが、起業前後の段階では誰も、もちろん私も含めて、これといった軸が決まっていないのは当然かもしれませんね。

さて、互いの事業内容を詳しく知らなくても、起業家共通の悩みは「資金調達」。私は前職が金融機関職員だったこともあり、そのころの経験や知識を活かして、一部のとくに仲のよい入居者に対して積極的に資金調達相談に乗っていました。ある日、その仲間たちから「資金調達に悩む起業家は多いから、このオフィスにいる他の入居者からの相談にも乗ってあげてよ」という声が上がりました。そこで、施設の掲示板に「このオフィスの入居者に限り【無料】で資金調達のお手伝いをします」という告知をしたところ、翌日からひっきりなしに相談が入るようになりました。無料ですが、一人ひとりのお話を丁寧に聞き、最終的には多くの入居者の資金調達をサポートしました。

❗時間に余裕のある起業当初だからこそできること

その後、資金調達が成功した入居者たちは、**友人・知人の起業家を紹介**してくれるようになりました。この場合は、入居者ではないので有料。こうして有料相談が少しずつ増えたのです。

また、私が週に一度開催していた「資金調達セミナー」も、入居仲間が自分の知人・友人に告知してくれるようになり、当初3～5名だった参加者が10名近く集まるようになりました。結果、そのセミナーを見た受講者から新たに別のセミナー依頼が入ることもありました。

もともとは、自分の経験や知識を、ご近所のみなさんに提供しただけです。まだ仕事が少なく、時間にゆとりがあったからこそできたことだと思います。「独立したばかりで何から始めればいいのか……」とお思いの方は、ぜひご近所を見回してみてはいかがでしょうか。思わぬところから仕事につながっていくものです。

アフターフォローを続ける

「相手の役に立つ情報を提供する」ことは、一度きりで終えるものではありません。

異業種交流会で、ある大手メーカーの社長から新規事業の話をお聞きしました。私はその分野の商品については不案内でしたが、補助金が受けられるケースであることはわかったのでその旨をお知らせしたところ、後日めでたく「補助金が下りた」とのお礼の電話がありました。その後も別の場でちょくちょくその社長とお会いするものですから、そのたびに「**あの新規事業、どうなってます？**」とお尋ねし、社長からも「順調ですよ」という言葉とともに状況を教えてもらっていました。

それがある日、そのプロジェクトが停滞し始めたとの一報が入ります。そんな場面でも、毎月の進捗状況をひと通りお聞きしていたので、気になるポイントをすぐにいくつか指摘することができました。さらに「よくご理解くださっているので」と、コンサルティング依頼までいただいたのです。最初に補助金についてアドバイスをしていたので「どうなったのかな」と気になり、継続的に様子を尋ねていたことが、社長との信用構築につながりました。

「本当に気になっている」という気持ちを知らせるだけで十分

異業種交流会などで出会い、名刺に書かれてある情報などから話が始まっても、当日か翌日に挨拶メールを送って終わり、というケースが多いのではないでしょうか。大勢の人々と一度に会った日などは、挨拶メールの送付だけで精一杯。しかし気になる案件があったら、「あのときの話はその場のネタとしてだけではなく、本当にその先行きが気になっているんです」という気持ちを、うっとうしがられない程度に、伝えていきましょう。

とくに、そこで「自分が役に立とう」とばかりに張り切ってアドバイスの押し売りをするのは禁物です。右の事例では、自分にはなじみのない商品の新規事業だったので、深いところまでは助言できず、どちらかといえばこちらから状況をお尋ねしてばかりでした。その控えめな姿勢がかえって、「相談しやすい、話しやすい相手」という評価につながったのではないかと思います。

いずれにしても、気になる案件に出会ったら、控えめに、しかし継続的にコンタクトをしてみましょう。

異業種の人に「タダ」で自分を使ってもらう

異業種の士業・コンサルタントとの提携もおすすめです。つまり、「自分をあなたの顧客に売り込んでもらえますか」ということですが、提携を申し出る側には提供できること（顧客・知り合い・ノウハウなど）に乏しい場合が往々にしてあります。よって、提携を断られたり、たとえOKがもらえても相手はメリットが見出せず、現実的にはなかなか動いてくれません。しかし、たとえあなたが相手に紹介できる顧客が少なくても、他に提供できるものがあれば「提携→顧客を紹介してもらう」ルートはつくれます。私の知り合いの社労士は税理士と提携し、顧客を紹介してもらっています。彼の考えた仕組みは次の通りです。

❗自分にできることを、相手の「対顧客・無料サービス」にしてもらう

提携先の税理士は顧客企業に「**社労士と提携した就業規則無料診断サービス**」を案内し、応じた企業の就業規則を預かって社労士に渡します。社労士は診断結果を税理士に提供し、

企業に持って行ってもらいます。診断結果を見たうえで、その社労士に相談するかどうかは企業の自由。もしその企業の経営者が相談したいと希望すれば、税理士は次回、社労士を同行して無料相談の場を設けます。税理士は新サービスで顧客企業の満足度を上げることができ、企業は無料で自社の就業規則を診断してもらうことができ、もちろん社労士にはその企業＝見込み客と会えるチャンスが生まれます。

❗相手にとって負担が少なくメリットの多い「提携」を考えよう

右の例で言えば、まず税理士は新サービスの開始を顧客に伝えるのですが、**「無料」なので切り出しやすい**と思います。また、日ごろから未払い残業や問題社員などについて耳にしたり、実際にその点で困っているケースが少なくないので、税理士が**「唐突に他人を売り込むような」気後れを感じることはない**でしょう。あとは就業規則と診断シートの受け渡し、初回面談のセッティングくらいです。そんな小さな負担より、税理士は何よりも、**自分の専門外のことで顧客企業の役に立てた**ことを喜んでくれるはずです。もしあなたが税理士なら「**決算書診断&コスト削減策提案**」、行政書士なら「**契約書診断**」などを「提携相手の無料サービス」として提案してみましょう。顧客企業が喜ぶサービスなら、提携先の専門家は自分の顧客とあなたとの出会いの場を積極的に提供してくれます。

体育会系のような厳しい人間関係も大切にする

人脈を広げたい、でも、「やっかいな人」とはお近づきになりたくない……そんなふうに思っていませんか？　私は過去に「頭が上がらない相手」に（心ならずも）従ったら、思わぬ収穫がありました。ご紹介しておきましょう。

独立2年目、何とか先行きに光が見え始めたときに、週に3日、大阪府中小企業支援センターで中小企業の経営支援を行なう仕事をオファーされました。「顧問先が少しずつ増えて事業が軌道に乗りかけているときに、週3日の縛りは厳しい」と思った私はきっぱり断りたかったのですが、そう無下にもできません。というのは、声をかけてくれたのが当時私の入居していた大阪府のインキュベーション施設の責任者で、日頃から何かと世話を焼いてくれている人だったからです。大家に対する店子のように頭が上がらない私たちの関係は、まるで体育会系。命令されたら従うしかない、という相手でした。

もちろん私もフリーランスですから、辞退したいと考えるに至った事情は説明します。すると相手が「自分の顔をつぶさないよう、せめて面接だけは出てほしい」と言うので、「面接だけなら」と先方の事務所に足を運びました。しかし行ってみると採用の可否を決める面接ではなく、「採用した」人物の確認のための場だったのです。まんまとやられました。私は『ドナドナ』を（心の中で）歌いながら、週3日の役所勤めを始めることになりました。

フリーランスだからこそ、上下関係を大切に

結果的には、その仕事を請けたことで、今までなら決して会うことのなかった人々とのつながり、アクセスできなかった情報、今後の事業や自著出版へのヒントなど、自分がステップアップするための多くのものを手に入れることができました。

社内の上司と部下の関係のように強制力を行使されるのは誰だってイヤなものですし、本書の読者の中にも「フラットな人間関係の中で仕事をしたいから独立した」という方もいらっしゃるでしょう。お気持ち、よくわかります。でもフリーランスという立場は、自由であるのと同時に、孤独であるのも事実。ひとりで決断を重ねるうちに、間違った方向へ進んだり不要な回り道をしたりすることもあるでしょう。「有無を言わさず」迫ってくる上司や先輩のような、ちょっと暑苦しい上下関係もまた、貴重な財産のひとつなのです。

7
章

仕事の「紹介」がグンと増える！
見過ごしがちな7アクション

まず「紹介してください」と言う

士業・コンサルタントにとって、仕事受注の要は何と言っても「紹介」です。これまでお伝えしてきたことを実践すれば、ある程度の人脈が築けているはずなので、ここからはいかにして紹介を増やしていくかについて考えてみましょう。

先日、顧問先から「税理士を紹介してほしい」と言われました。「○○に強い人がいい」といった指定がなかったので、２～３回続けて会った若手税理士を紹介しました。直近で会ったとき「お客さんがいたら紹介してください」と言われ、印象に残っていたのです。

「紹介してください」と言っていい。というより、むしろ言うべき

「物欲しげな感じがして恥ずかしい」「厚かましく思われたくない」という考えから、自分から紹介してほしいと言い出せない士業の方々によく出会います。でも紹介する側のことを考えてみてください。誰かから「○○の士業を紹介してほしい」と言われてスムーズに思い

出せるのは、ハッキリと「紹介してほしい」という希望を表明している人でしょう。意志がわかっているので、気軽に紹介しやすいのです。逆に、「紹介してほしい」という意志が見えていなければ、その人にはなかなか声をかけにくいものです。

「物欲しげな感じ」「厚かましい印象」でない頼み方なら、みなさんも気軽に周りに紹介をお願いできるでしょう。まず、何度もしつこくせっつかないこと。そして、「**お客さんになりそうな人がいたら、紹介してください**」「**声をかけてください**」「**私のことを思い出してください**」くらいの、あっさりした言葉でサラリと軽めにお願いしておきましょう。

あまりにも忙しそうな人は紹介しにくい

誰かに誰かを紹介する側の考えは、次のようなものです。まずは専門性が合致していること。「飲食業に強い税理士」「会社設立に強い行政書士」と指定されれば、素直に要望通りの人を選びます。とくに専門性の指定がなければ、いつも親しくおつき合いしている、「顧客になりそうな人がいたら紹介してほしいと言われた、直近に会った、その他、その人の何かが印象に残った、というあたりでしょうか。ここで強調しておきたいのは、「仲はよいが、とても忙しそうな人」には「かえって迷惑では」と遠慮する気持ちが働くこと。やはり「紹介してほしい」という意志を普段から表明しておくのが大切なのです。

誰に頼むか？　紹介件数が5倍になる「紹介者リスト」をつくる

今後出会う人に紹介を頼んでいくのは当然ですが、今までの知人にも声をかけたいものです。とはいえ、紹介は誰にでも依頼できるものでもありません。まず行なうべきは、友人・知人のピックアップ。**「顧問先」「両親・兄弟・親戚」「つき合いの深い友人」「取引先」「同業の士業」「異業の士業」「業者」「下請け」「勉強会仲間」「学生時代の友人」**などです。

次に、それらの人々を大きく4つのカテゴリーに分けます（左ページ参照）。「紹介できる人脈があり積極的に紹介してくれる人（A）」「紹介できる人脈はあるが紹介には消極的な人（B）」「紹介できる人脈は少ないが積極的に紹介しようと思ってくれる人（C）」「紹介できる人脈もなく紹介にも消極的な人（D）」。この4つに入らない「紹介をしてくれる関係にない人」とは、もっと親しい関係構築が先決です。このうち、アプローチを優先すべきはもちろんA。Aに入る人々で「紹介者リスト」をつくりましょう（左ページ参照）。

紹介者リストのつくり方

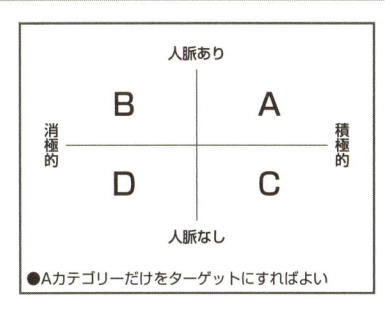

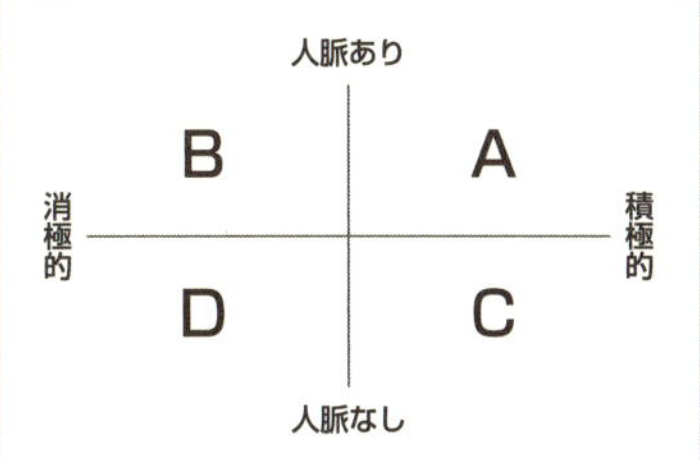

●Aカテゴリーだけをターゲットにすればよい

紹介者リスト例（中小企業診断士の場合）

順位	紹介者名	会社・事務所名	資格・肩書き	期待できる顧客	期待できる仕事	紹介依頼日
1	山田　一郎	山田一郎 税理士事務所	税理士	取引先	顧問	2/4
2	川本　誠	川本産業 株式会社	社長	下請け先	単発コンサルティング	2/12
3	太田　浩子	太田 社労士事務所	社労士	出版社	執筆	2/19
4	松本　祐一	株式会社 松本組	経理部長	金融機関	セミナー	2/26
5	牧野　満	MKT保険コンサルティング	社長	取引先 中小企業	資金調達 コンサル	2/26

●リストには、相手の氏名のみならず、社名・事務所名、資格・肩書き、期待できる顧客像や仕事、紹介依頼予定日、優先順位を書き込む
●詳しく書いたものを毎日目にすることで、するべきことのイメージが固まる
●紹介依頼日を「○月中」とせず、日付まで書くのも効果的
●優先順位に従って、紹介依頼を行なうためのアポ取りの電話やメールを入れる

見ただけで「面倒だ」と読み流す方も多いかもしれません。が、つくる前と後とでは、私の場合、有効な紹介の精度が上がり、紹介してもらった実数も約5倍に増えました。つくればかならず奏功します。面倒なのは最初だけですから、ぜひおすすめします。

紹介してもらいたい顧客像を具体的に示す

「誰でもいいので」「お客さんになりそうな人がいたら」紹介してほしい、と言うだけでは、依頼された方もどんな人があなたのお客さんになりそうなのかよく見えないだけに、誰を紹介してよいのか困ります。紹介者があなたの要望を聞いたとき、深く考えることなく「あの人を紹介しようか」とすぐ誰かを思い浮かべるような状態になるのがベストです。

紹介先を名指しすると話が早く、紹介者もラク

紹介者が「ああ、あの人ね」とすぐに思い浮かべられるのは、相手先を具体的に名指しされたときです。「今度、あなたの取引先の○○さんを紹介してもらえませんか」「○○さんとお知り合いなんですね。紹介してもらえるとうれしいのですが」と名前や社名をハッキリ言えば、イエス or ノーですぐに返事がもらえるでしょう。

相手の話をよく聞けば、名指しする先が見つかる

とはいえ、紹介者の知り合い全員をあなたが把握しているわけではありません。普段から相手の話をよく聞き、話題にのぼった会社が顧客になり得るかどうか、考えるクセをつけましょう。私が前職の金融機関の営業だったとき、取引先の経営者に「先日ご提出の決算書に載っていた○○社さんを今度ご紹介くださいませんか」とよくお願いしていました。名指しですから返事も早く、また、たいていはスムーズに紹介してもらえました。

とくに名指しする先がなければ、業種、会社規模、設立年数などを具体的に

知り合いの税理士に、「建設業で、一人親方で、帳簿付けが苦手な人がいれば紹介してください」と言われたことがあります。たまたま以前取引のあった建設業の元請と会う機会があったので、その希望を言葉通りに伝えたところ、「うちの下請はそんな所ばかりだよ。紹介してあげるから今度その税理士さんを連れておいで」と言われて両者を引き合わせたことがあります。結果、その税理士は一人親方ばかり10件の顧問先増となりました。このケースのように「業種」「規模」や、必要なら「設立年数」などを示すと有効な紹介が期待できます。「従業員数名程度で独立3年以内の飲食店」「業種も年数も問わないが従業員数50名以上」など、自分の目指す仕事スタイルに合致した顧客像をイメージしましょう。

顧客像が具体的でなければ「キーワード」を示す

紹介してほしい社名や人名が手元になく、業種や規模にこだわらないなら、紹介者の記憶を呼び覚まし、紹介先が具体的に思い浮かぶような「キーワード」を設定しましょう。

「受付の対応が悪い会社」を紹介してほしいと言う社労士

人事コンサルタントである知り合いの社労士は、「受付の対応がよくない会社があったら紹介してほしい」と顧問先や士業仲間などに声をかけています。受付の対応が悪い↓従業員教育が不十分↓職場の雰囲気が悪い↓従業員のなかに不満がたまっている↓退職者が多い↓社労士の腕の見せどころ！　という経験則からです。経営者も社内の雰囲気の悪さやその原因が一部の問題社員にあることくらいはわかっていますから、「従業員の本音を引き出すのが上手な社労士がいるのですが……」という紹介者の言葉にのってきやすいのです。

「よく銀行への不満を口にする会社」「未払い代金に悩む会社」

財務の見直しや銀行との良好な関係づくりで活躍できる税理士や中小企業診断士にとっては、「銀行への不満が多い会社」がヒット率の高いキーワード。金融機関への不満を口にする中小企業経営者は実に多いのです。

また、この不況下でよく聞く「代金を踏み倒されて困っている会社」というキーワードは、行政書士におすすめ。代金を払ってもらえなくて困っている→相手に電話しても無視される→内容証明の送付→行政書士の出番！　という流れが期待できます。

「○○で困っている会社」をベースに

キーワード設定には、自分が仕事を依頼された経緯を思い出すのが一番です。その顧客はどんな状況であなたに仕事を依頼してきましたか？　より正確を期すためにも、最近1年間の仕事を一覧表にし、それぞれの経緯を書き出して共通点を探しましょう。

また、「まずい受付対応」「銀行への不満」「未払い代金」はいずれもよくあるケースですから、紹介者も思い当たる企業が出やすいものです。漠然としすぎず、といっても絞りすぎない、「こういう会社ってよくある！」をベースに考えを巡らせましょう。キーワードのベースは、「○○で困っている会社」が、シンプルで伝わりやすいのでおすすめです。

紹介者に負担をかけない魔法の言葉

「紹介して」と頼まれた側が、「先方にもおつき合いしている士業の先生がいるだろうから、新しい人を紹介すると迷惑がかかるのでは」と二の足を踏むケースもあるでしょう。紹介をお願いするときには、**「取引につながるかどうかは私の努力次第ですので、先方に連れて行ってくださるだけで十分です」「（紹介者の／紹介先の）お役に立てるだけでうれしいです」**といった気持ちを伝えるだけで、紹介者の心理的ハードルは下がります。

❗紹介者に快く同行してもらうキーワード「おみやげを持っていきます」

紹介者に「話をしておくから訪問してみたら」と言われると、一人で先方に伺うことになりますが、初対面ではなかなか話も弾みません。紹介者と共に訪問すれば相手も警戒心を解きやすく、あなたもふたりの世間話に加わりながら次回のアポにつなげやすくなります。紹介者に同行してもらうには、「相手に役に立つ情報をお持ちする」と約束するのが一番。紹介者も相手にいい顔ができますし、同行を快く承知してくれるでしょう。

紹介者に「紹介トーク」を提案する

あなたを連れていくことについて、紹介者が相手にスムーズに話を切り出せるよう、「紹介トーク」をあなた自身が考えて提案するのも有効です。たとえばこんなトークはいかがでしょう。「よく○○の件が気がかりとおっしゃっていますよね。その件について詳しい○○士さんがいるのですが、今度、その方をお連れしましょうか。きっとお役に立てると思いますよ」。あらかじめ紹介トークがあれば、紹介者が相手にアポイントメントを取るときの心理的な負担がぐっと減ります。

営業トークは控えて紹介者に恥をかかせない

現場では、「先方に役立つ情報やスキル・ノウハウを持っている人物を、紹介者が『先方のために』連れてきた」という関係性を崩さないこと。どれほどラッキーな状況でも、その場での顧問契約などまずあり得ません。決断をせかすような営業トークは控え、「相手の役に立つこと」「紹介者の顔をつぶさないこと」の2点を念頭に置いて振る舞いましょう。相手とあなたとの1対1の関係は、2度目以降の面談で構築していけばいいのです。

「お互い様」で紹介のチャンスはさらに広がる

他士業と組んで互いのチラシを宣伝し合う

あなたが事務所通信を発送しているなら、知り合いの士業の事業チラシを同封し、相手が自分の事務所通信を発送するときにあなたの事業チラシや無料訪問相談チケットを同封してもらう方法は有効です。あなたが税理士なら、たとえば社労士や行政書士と知り合うたびに話をもちかければ、あなたを宣伝してくれる士業がどんどん増えていくことになります。

事務所通信に無料訪問相談チケットを同封

事務所通信の中に、送り先の知り合いに渡してもらう無料訪問相談チケット（95ページ参照）を同封し、取引先からの紹介を促す方法もあります。ヒット率はそう高くありませんが、タイミングさえ合えば送り先が誰かに手渡してくれることがあります。チケット同封は毎月ではなく3～4ヶ月に一度くらいにし、1ヶ月ほどの有効期限も忘れずに。

他士業と同行訪問契約を結ぶ

自分とは違う士業の知り合いと、たとえば「半年に3件」「5件」などを目安に、お互い同じ回数の同行訪問を行なう約束をするのも一案。見込み客と会える機会を提供し合うのです。紹介先は、顧問先や知り合い、取引先などでもいいでしょう。回数に不公平が出ないよう、口約束ではなく、できれば覚え書をつくっておくくらいの真剣味がほしいところです。

金融機関の勉強会に連れて行ってもらう

士業にとって顧客となる経営者を対象とした勉強会を定期的に行なっている金融機関は少なくありません。参加者同士が深く知り合える機会を金融機関側がセッティングしてくれるので、積極的に足を運びましょう。知り合いや取引先に「お取引のある金融機関から勉強会のお誘いがあれば私も連れて行ってください」と普段から声をかけておくこと。

その他、ごく親しい友人が持つ名刺ファイルを見せてもらう機会がもしあって、「この会社！」「この人！」という名刺があれば、紹介依頼を切り出してみてもいいでしょう。

ご縁を切らさない！紹介されたとき・するときのマナー

紹介されたとき・するときに忘れてはいけないマナーがありますが、おろそかにされることが少なくありません。よくご存じとは思いますが、確認のつもりでお読みください。

❗紹介されたら、かならず事後報告を

「そんな失礼な人間はいないよ」とお思いかもしれませんが、紹介後に事後報告をしない方は意外と多いのです。私も、相談者に士業やコンサルタントを紹介することがよくあるのですが、事後報告をくださるのは半数ほどでしょうか。その後の成り行きが気になるものの、「報告がないということは、言いにくい結果になったということだろうか」と悶々とすることが少なくありません。**紹介すればその後が気になる**のは自然なことで、「紹介したら後は知らない」という紹介者は少ないものです。「おかげさまで顧問契約につながりました」「せっかくご紹介いただいたのですが、契約に至りませんでした。また何かありましたらよろし

くお願いします」「先方の問題点が解決できて良好な関係は続いていますが、顧問契約まであと一歩というところです」など、紹介者にはぜひ、途中経過でもよいので一報を。報告しなければ、次の紹介話が回ってくることはまずないでしょう。

❗紹介するときは、つとめて謙虚に

反対に、あなたがどなたかを紹介するときには、つとめて謙虚にふるまうよう意識しましょう。そもそも、紹介しようとしているその専門家とあなたは知人・友人関係で、紹介したりされたりするのは**お互い様**です。そのうえ、いま目の前の相談者が抱えている問題について「あの人なら何とかしてくれそう」と思いついたのは、あなたの**専門外だったり手に負えない案件を解決してくれそうな人**。「見込み客を紹介してやる」といった尊大な態度ではなく、礼儀と敬意を尽くして声をかけるのが当然でしょう。また、相談者の話の内容をよく聞かずに丸投げすることのないよう注意が必要です。「あの人、よく紹介してくれるのはいいけれど、何でもかんでも話を振ってくるから、実際に相談者と話してみると私の専門外のことも多いんだよね。だいたい私の専門が何かもよく知らないんじゃないかな」と迷惑がられたり不信をかったりすることもあります。紹介しようとする**相手の専門を押さえ**つつ、問題の事情や背景をある程度は把握したうえで、謙虚に接するべきです。

8章

人脈をつなげさらに広げる
勉強会・セミナーのコツ

コツコツ実践しておきたい簡単なセミナー集客法

自主セミナー参加者から見込み客を見つけて仕事の受注……というルートは、士業・コンサルタントにとって王道のひとつですが、問題はセミナーの集客です。セミナーについてはすでにいくつかお話ししてきましたが、本章では、セミナー・勉強会運営のコツをお伝えしていきます。

そもそも、異業種交流会などで名刺を集めた場合、あなたのセミナーに興味を持ってくれるのはそのうち1割程度でしょう。集客に苦労し、いやになって「セミナー↓仕事獲得」路線をあきらめる専門家も多いのですが、私がその王道をたどれる自信がついたのは自主セミナーを10回以上行なってからのことです。回数を重ねるうちに集客のコツや受講者と2度目に会う方法、クロージング術が蓄積されたり磨かれたりして契約率が上がったのです。**これひとつで万全という集客法はありません**。有効だと思われるひとつの方法に時間をかけるより、簡単な50の集客法を日ごろから実践するほうがずっと効率的です。

セミナーのために日ごろから実践しておきたい簡単な集客法

①名刺交換時に必ずセミナー告知の許可を得ておく

名刺交換の際に「セミナーや勉強会を主催しているのですが、案内をお送りさせていただいたらご迷惑でしょうか」と添えましょう。

「迷惑です」と返す人はめったにいません。

②ＳＮＳ、メーリングリストなどに参加しておく

集客に強いのがFacebook。「友達」が多ければ多いほど情報が拡散します。ＭＬなら手間をかけずに大勢に告知可能です。以前参加した勉強会やセミナー、創業塾、同業者ＭＬなど、なるべく多くのＭＬに登録しておきましょう。mixiの「コミュニティ」やアメブロの「ぐるっぽ」も同好の士が集まるので、メンバーのニーズとセミナー内容が合致すれば一定の集客が見込めます。

③セミナーを告知してくれるサイトやメールマガジンをリストアップ・購読しておく

セミナーを告知してくれるサイトやメールマガジンをリストアップしたり購読したりしておき、セミナー開催前に情報を送って掲載してもらいましょう。ひとりで告知するより何百倍もの対象者に告知できます。できればターゲットに合わせて告知原稿をつくるのが理想ですが、サイトもメルマガも数多くあるので、同じ内容を使い回してもよいでしょう。

例 ●セミナーズ（セミナーポータルサイト） http://www.seminars.jp/
●異業種交流会・セミナー情報（メルマガ） まぐまぐ mag2 0000005764

④異業種交流会に出る前に、セミナー告知の許可を取っておく

異業種交流会に参加したとき、名刺交換した相手に直接セミナーのチラシを渡すこともできますが、手配りではなかなか効率が上がりません。一度に大勢に告知するなら、交流会の主催者にあらかじめ許可を得て、チラシ配布＆告知の時間をもらうのがスムーズです。少しの時間ですが壇上に立って参加者全員の前で話すことになるので、その後の懇親会などで話題にしてもらいやすくなるのも大きなメリットです。

⑤告知力のある友人を増やしておく

私の経験則ですが、７人以上に告知してくれる協力者をどれだけ多くつくれるかが、セミナー集客の鍵。別の人に告知してくれる可能性が一気に増えるからです。７人以上への告知力のある協力者が10人いれば、少なくとも200人以上には告知されることになります。

仲間と一緒になって学ぶ場をつくる

自分が講師として喋り続けるセミナーは敷居が高い、そんな方でも、同じ立場の仲間を集めた勉強会なら取り組みやすいのではないでしょうか。

私の場合、経営コンサルタントとして活動する中で、「経営者は目の前にあることで手一杯で、経営そのものについて考える時間がほとんど確保できていない」と気づきました。そこで起ち上げたのが、若手経営者向けの勉強会です。初期の参加者は、知り合いの若手経営者3名。経営課題を発表し合い、各人の課題をいかに解決していくか全員で考えて意見を交換しました（私は現在、この手法を「グループコンサルティング」と呼んでいます）。

その結果、お互いが多くのアイデアやヒントを得たうえ、ディスカッションを通じてさまざまなコラボレーションが発生したり、多くの新規事業も立ち上がりました。あまりに効果が大きかったため、参加者が自分の友人経営者を連れてくるようになって、スタートから3ヶ月もしないうちにメンバーは10名を超えました。「月に一度は何も邪魔されず、一日中経営について考えよう」という目的ですから、当初は携帯電話の電源も切っていましたが、さすがに今はそこまではできませんね。でも、一日でも半日でも経営課題に真剣に取り組んで仲間とアドバイスし合う場は、参加者同士のつながりを強め、さらに人の輪も広げてくれます。

誰にでも始めやすい、「グループで学ぶ」場

参加者全員が解決法を話し合うのですから、**経験や知識がまだ浅い士業・コンサルタントも比較的気楽に主催できる**のがグループコンサルティングの大きな利点。私自身もグループコンサルティングの場では、ファシリテーター&コーディネーターという黒子役です。にもかかわらず、新たに参加した若手経営者たちから「自分の会社を一度見てほしい」という依頼も多く、最終的には参加メンバーの半数以上にコンサルティングを行なうようになりました。

このように、グループコンサルティングは士業・コンサルタントが顧客を獲得する有効な手法のひとつではないかと考えています。また、顧客獲得に至らなくても、他人の課題を自分のものとして真剣に考えたり、他人が他人に行なうアドバイスに耳を傾けたりすることで、自分自身の経営・事業についてのアイデアも湧く有用な場であることは確かです。課題・問題を仲間と話し合えるそんな場を、「自分で」つくってみましょう。

「仕事につながる」勉強会のポイント①
成功する勉強会の参加者選び・テーマ設定

セミナーでも勉強会でも、どちらにしても開催する一番の目的は「見込み客を顧客にする」こと。とはいえ、勉強会からすぐに顧問契約に至るケースはまれです。実際には、「すぐに顧問契約にまで至らなくても、会を重ねて顔を合わせることで、**信頼関係を構築していくワンステップ**」と考えるべきでしょう。また、参加者の顧客化よりむしろ、**他の見込み客の紹介やセミナー講師としての依頼**を期待するケースもあります。いずれにしても、あなたの力量を存分にアピールすべき場ですから、「この人に仕事を依頼すれば自分の会社の役に立つ」と確信してもらえるよう、企画は練りに練りましょう。

！なるべく同じ目的・スタンスの参加者を選定して集めよう

「今まさに直面している具体的な経営課題に対する、即効性の高い解決策がほしい」「今とくに困っていることはないが、予防のつもりで一般的な知識を身につけておきたい」「事業を運営するうえでの初歩的な注意点が知りたい」――参加者の目的がバラバラだと、勉強会の軸がブレます。軸がブレると参加者は期待した成果が得られず、結果、あなたの力量が問われることになりかねません。勉強会の案内を送る前に、あらかじめ似たような目的や経営へのスタンスを持つ参加者を選んでおきましょう。

「来たくなる」テーマ設定のため、参加者のニーズを事前に調査

「リピーターの獲得」「営業スタッフの能力アップ」「融資を受けたい」「コスト削減」など、参加者が知りたい内容をピンポイントでテーマ化しましょう。セミナー直後に書いてもらうアンケートに**「今、御社はどんなことに困っていますか」「最近読んだビジネス書を教えてください」**などの質問を入れておくと、参加者のニーズを見つけやすくなります。もちろん、セミナー中に目当ての参加者に質問を投げかけたり、セミナー後の雑談で水を向けたりしてもいいでしょう。私の経験では、紙に書いてもらうより雑談のほうが、潜在ニーズが表に出やすいと感じています。アンケート用紙に向かうときは「今思いつく困りごと」だけになりますが、誰かと会話を交わすうちに「あ、そういえば」と思考が広がっていくからでしょう。雑談時は表面上の「ことなかれ会話」はなく、気になった点があればそこを深く、しかし失礼にならない程度に、少しずつ尋ねてみてください。

「仕事につながる」勉強会のポイント②

勉強会当日の注意点とフォローアップ

さあ、勉強会当日。スムーズな流れのために、あらかじめ相手の課題に対する回答を準備しておきましょう。また、丁寧なフォローアップで信頼獲得や顧客化につなげます。

勉強会は「公開コンサルティング」スタイルで

勉強会と銘打っていても、参加者は「講師が喋るセミナー」の延長だと思っていることが少なくありません。しかし実際にはセミナーではなく勉強会なのですから、受け身ではなく積極的に参加・発言してもらいたいもの。各人が抱える問題点に対する「公開コンサルティング」は、参加者もどんどん発言できますし、あなたも自分の力量をアピールしやすいスタイルです。「この人なら何とか解決してくれそう」「頼りになる専門家」という印象を持ってもらうには、相談内容に対して**効果的な回答をスピーディに出す**こと。まず参加者に「今の会社で悩んでいること、問題・課題」を全員の前で語ってもらうことから始めましょう。あなたはそれらに対する解決策、解説や具体的な施策などを提案します。前項でお話しした調査をしておけば、相手の課題は事前にある程度つかめるので、**勉強会の場でスムーズに答えるための準備はしておけるはず**です。あなたが１００％完璧な回答ができなくても、他の参加者がアドバイスやヒントを出してくれることも多々あります。その内容も加味した充実の助言が最終的に生まれれば、相談者の満足度は上がります。

❗勉強会後のフォローで顧客化するケースが一番多い

せっかく改善案をお伝えしても、即実行されることは、多いとはいえません。日常業務に手を取られたり何らかの障害が発生したりで停滞し、いつしかその問題から遠ざかってしまうことも往々にしてあります。そこで勉強会の後、1週間程度の時間を置いて「**勉強会で受けたアドバイスやお決めになった施策は、その後どうなっていますか**」と尋ねてみましょう。できれば電話より、訪問して直接顔を見ながら詳しく様子を尋ねるといいですね。

進捗が思わしくない場合は原因を尋ねて問題を解きほぐしたり、もし新たな問題が起こっていたらそれに対する助言を重ねましょう。このマンツーマンのフォローアップ時が、一番顧客化しやすいのです。「自社のことを気にかけてくれている」「頼りになる」「面倒見がよい」という好印象で、報酬を払うことへのハードルが下がるからです。

受講者に「出口」を提供する

私は講師や士業・コンサルタントを対象とした講座を行なっていますが、常に心がけているのが、「受講者の出口（またはチャンス）を用意する」ということ。知識やテクニックを教えるだけではなく、「その後」、**得た知識やテクニックが活かせる場をつくること**に力を入れています。

たとえば私の「商工会議所によばれる講師養成講座」の出口として、「商工会議所によばれる講師オーディション」という機会を用意しています（商工会議所やセミナーエージェントの前でプレゼンテーションをする場です）。また、「銀行同行税理士養成講座」では顧客獲得のためのチラシ5種のデータをプレゼントしたり、金融機関職員との勉強会をセッティングしたりしています。

「得ただけで何の役にも立たない」では意味がない。使ってこその知識やノウハウ、テクニックです。講座で得たものを実践の場で活かし、商工会議所などからよばれる講師としてデビューしたり、チラシのテンプレートを応用して顧客を獲得したりするなど、努力次第では受講料をしっかり（あるいは何倍にもして）取り返せる仕組みのセミナーを、私は**「講師の責任」として**設計したのです。

おかげさまでそれらのセミナーは「実践的で役に立つ」「内容充実でリーズナブル」と好評をいただき、受講者との「その後」の結びつきも深まる場になっています。

！セミナー後も受講者を応援する姿勢

たとえばあなたが販促コンサルタントなら、すぐに使える販促チラシやハガキのテンプレートデータ、税理士や社労士など士業なら個別コンサルティング1回無料券をプレゼントするなど、「受講者が情報を手に入れた後」の第一歩をサポートするような企画をセミナーに採り入れてみてください。

「セミナーで情報を提供して、受講料をいただいて、ではさようなら」ではない、「その先」まで考えた講師の責任感が見える仕組みは、当日のセミナーへの満足度はもちろん、後日の自分の仕事へのリターンにもつながると私は考えています。顧問先だけではなく、セミナー受講者も大切なお客さまなのですから、その未来を自分も一緒に考えるのは、講師として当たり前のことです。

自分のセミナーや勉強会にキーマンを無料招待する

自主開催セミナーで喋るだけでなく、セミナー講師として外部から依頼されたい、そんな場合には、自分のセミナーや勉強会に商工会や商工会議所、セミナーエージェント、金融機関のセミナー担当者などのキーマンを無料招待しましょう。

セミナーや講演の仕事を依頼する側のこういった人々は、いくら企画書がよくできていたとしても、実際にその目で講師のパフォーマンスを見ない限り、なかなかオファーしません。自分が採用した講師のセミナー参加者から不満が出ると、所内で責任問題になるからです。つまり担当者は、「力量を自分の目で見て、納得した講師」を選びたいわけですから、自分のセミナーや講演にある程度の自信があれば、どんどん担当者に見てもらいましょう。

❗無料なら相手も来やすくなり、キーマンの参加でメンバーも喜ぶ

無料招待なら相手に経済的負担をかけないため、参加してもらいやすくなります。また**キ**

ーマンの同行者も無料招待する旨を伝えれば、自分の直接の知り合い「以外」の同僚担当者も来やすくなるので、人脈の広がりが期待できます。さらに、「今回○○のセミナー担当者が出席します」と事前告知すれば、講師希望者や金融機関の顧客ネットワークに興味を持つ専門家には朗報、参加者がドンと増えます。参加者が多ければ、それがたとえ自主セミナーや勉強会でも「この講師のコンテンツには集客力がある」と担当者は考えるもの。セミナー担当者は集客にきわめて敏感なので、講師への信頼度が高まり、採用率も上がります。

懇親会をかならず設定すること

キーマン招待がなくても、セミナーや勉強会後の懇親会は参加者同士の親睦を深めるのにおすすめですが、招待したときはかならず懇親会を設けましょう。セミナー・勉強会の間やその直後では、ざっくばらんな話はまだできません。リラックスした場でようやく、それまで互いに遠慮していた突っ込んだ話がしやすくなります。相手の求めるニーズを広く深く知ることができるのはもちろん、あなたの情報もまた大量に伝えることができるでしょう。**懇親会では招待者の近くに座って、**多くの言葉を交わしましょう。しかし言うまでもありませんが、自分だけがキーマンを独占してはいけません。懇親会の他の参加者のためにぜひ、アピールの機会と時間を十分につくってください。それも主催者の大切な仕事のうちです。

9章

日頃から続けたい
仕事をたぐり寄せる8つの習慣

思うようにいかない……そんな時こそPDCAの「CHECK」に時間をかける

ＰＤＣＡとはＰＬＡＮ（仮説を立てる）↓ＤＯ（仮説に従い行動）↓ＣＨＥＣＫ（行動の結果を検証）↓ＡＣＴＩＯＮ（改善を加え行動する）↓ＰＬＡＮ（その結果を踏まえ新たな仮説を立てる）↓ＤＯ……という作業を繰り返すこと。ビジネス書などでよく説かれており、あなたもご存じだと思います。では、もれなく遂行したことはあるでしょうか？

CHECKを飛ばす人が多い

ある税理士は、開業1年目に積極的にセミナーや異業種交流会に出向いて多くの人々と知り合いました。しかしそれらの出会いがほとんど仕事につながらなかったので、2年目に「人と出会う機会を減らそう」と言い出したのです。とんでもない！　人と会わずして仕事が向こうからやってくるはずがありません。そこで私は「なぜ仕事につながらなかったのか」というＣＨＥＣＫ（検証）の段階が抜けていることを指摘し、「得意とする仕事につながる出会い方」を話し合いました。これはレアケースではありません。ＣＨＥＣＫを行なわず、次のＡＣＴＩＯＮで「間違った」改善がなされた行動に移る人はとても多いのです。

仲間とのＣＨＥＣＫ、実地でのＣＨＥＣＫ

「何が悪くて結果が出なかったのか」とひとりで考える時間も大切ですが、同業や異業種の仲間に相談するのもおすすめです。同業なら同じ壁を乗り越えた経験があるかもしれませんし、異業種なら別の角度からのヒントが得られるかもしれません。もちろんあなたからだけではなく、相手からも相談を持ちかけてもらえるような信頼関係を普段から築いておきたいものです。

また、たとえばセールストークが弱いなら、気軽な異業種交流会などにどんどん出かけて「武者修行」するのもいいでしょう。机上で練ったトークが現場で有効かどうかわかりませんから、実際に使って相手の反応を見ながらＣＨＥＣＫし、その検証をもとに改善を加えていけばいいのです。「やったけどダメだった」→「やってもムダ」と結論づけて閉塞するのではなく、**「やったけどダメだった」→「何が悪かったのか」というＣＨＥＣＫの段階を踏むことで、行動案が「正しく」広がり、仕事の精度が高まります**。

袋小路での閉じこもりも、考えのないがむしゃらな行動も、「仕事」ではありません。

人脈づくりの場に「飽きない」ために

あることをテーマとした勉強会で出会うのは、そのテーマに興味を持つ似たようなタイプの人ばかりだったり、極端なケースでは、来ているのは知り合いばかりということにもなりかねません。ノウハウの入手が目的ならそれでもいいのですが、人脈づくりという点では広がりに欠けます。自分自身が「飽きて」しまわないために、私が行なってきたいくつかの方法をお伝えしましょう。

時代を先取りする商品やサービスの勉強会へ行く

まだ「流行している」とは言えないものの、これから流行りそうだと思うような題材を取り上げた勉強会に参加してみましょう。この手の勉強会に参加する人はたいてい新しい物好きで、フロンティアスピリットを持つエネルギッシュな人が多いものです。「まだ流行する前」ですから参加者が少なく、しかしわからないことが多く、それゆえに、仲間意識が芽生えたり、お互い共感できるところも少なくありません。後日会ったときも「あのときの勉強会ではみんな何も知らなくて……」と当時の話題に花が咲き、２回目以降の会話もスムーズに進むので、それだけ人関関係が深まりやすいのです。

勉強会に新しい人を招く

もしあなたの参加する勉強会がマンネリ化しているなら、新しいタイプの人物を参加させてみませんか。

私は月に1回、40代未満の若手経営者たちが自社の課題を持ち寄る勉強会を主催しているのですが、基本的に社長が参加するこの場に、ある日どうしても社長の都合がつかず、代わりにナンバー2の社員がやってきました。すると当日の話題が「ナンバー2をいかに育てるか」「ナンバー2は何を考えているのか」に一変。それを契機にナンバー2社員同士の勉強会の必要性を感じた参加者たちから、「ナンバー2社員勉強会」の発足を求められました。

さらに既存の「若手経営者勉強会」と新しい「ナンバー2社員勉強会」のコラボレーション、参加者同士の新たなビジネスや顧客の紹介が湧き起こったりして、今までとは違った人脈が得られる場を生み出すことができました。

どうしても違和感があれば、潔く撤退する

行ってみたが居心地がよくない、飽きた、違和感を覚える……という場合は、どれだけ自分の会いたい人たちが集まる場でも、ほしい人脈を手に入れることはできません。その落ち着きのなさが身振りや会話の内容に表われて、周りにも伝わるからです。そんなときは思い切って撤退することをおすすめします。しかし「ここで辞めてしまうのは何かもったいない」「主催者に悪い」といった理由で、撤退に勇気が必要だと思う人も多いでしょう。

撤退のためのルールづくりを

「なんかちょっと違うな」と思った理由が会合そのものの変容なら仕方ありませんが、そのときの体調や話題、単発ゲストとの相性など「たまたま」かもしれません。何度も参加しているセミナーや勉強会や交流会なら、「1〜2回休んで再度参加→復活後も違和感があればもう出ない」などの撤退ルールを自分の中でつくっておくと決断が楽になります。

自分が「レベルアップした」ととらえてみる

気に入っていた異業種交流会や勉強会、セミナーや勉強会に、何回も参加しているうちに違和感を覚え始めたら、それはあなたにとってのその会合の賞味期限が切れたということかもしれません。感覚に合わなくなった会合に「常連だから」と参加しても、旧知の人たちと話すばかりで新たな出会いのチャンスが少なくなっているはずです。限られた時間で多くの人脈を手に入れるためには、見切るのも大切です。主催者は意外と気にしていません。

新しい場へ身を置く

ひとつ場が減ったのなら、せっかくですから今までと違ったタイプのセミナー・勉強会・交流会に参加してみませんか。これまで参加費３０００円くらいまでの会合に参加していたなら、清水の舞台から飛び降りるつもりで**上限を1万円くらいに引き上げてみる**、２時間のセミナーから**1日の研修に変えてみる**、地方で受講しているなら**東京も視野に入れてみる**……。また、今までに知り合ったなかであなたと似たセンスの人に、別の場を紹介してもらってもいいですね。身を置く場を変えれば見える景色が変わり、自分自身のアピール法も変わるでしょう、そして最終的には、手に入る人脈も当然変わってくるのです。

過去の成功体験を体系化する

人脈を広げる、そして顧客や仕事を獲得するまでには、どうしてもそれなりの時間がかかるもの。ただし、自分自身の「勝利の方程式」を見つけ出すことができれば、ゴールにたどり着く時間は短縮できるようになります。

多くの顧客を抱えている専門家は、「既存顧客からの紹介」「セミナー受講者からの依頼」「特定士業からの紹介」「役所に置かせてもらっているチラシを見て」など、たいてい同じようなパターンで新規客を獲得しています。これがつまり、確実で効率的な「勝利の方程式」。時間や手間をかけずに再現可能な「仕事獲得パターン」に磨きあげていきましょう。

あなたにはあなたの「勝利の方程式」がある

私の場合は、「自分が喋るセミナー→訪問・雑談・お試しコンサル→契約」という流れが多いのですが、最初からこのパターンで仕事を得ようとしていたのではなく、振り返って検

顧客獲得経緯一覧表作成例（勝利の方程式発見シート）

顧客名	チャネル	きっかけ	面談内容			獲得できた仕事	キーワード
			1回目	2回目	3回目		
大山のぶお	ネクストフェイズ資金調達セミナー	山本税理士からのセミナー紹介	セミナーの感想 事業計画についての質問	事業計画書の書き方の説明 銀行とのつき合いかた	顧問契約についての質問 顧問契約依頼	顧問契約	税理士からの紹介
本庄機械工業（株）	商工会議所セミナー （事業承継セミナー）	商工会議所チラシ	本庄機械（株）の経営理念についてのヒアリング（専門家派遣）	2代目経営者との面談（専門家派遣） 2代目経営者教育依頼	―	若手経営者教育プログラム	専門家派遣
（株）沖田トレーディング	ネクストフェイズ資金調達セミナー	日下部税理士からのセミナー紹介	セミナーの感想 専門家派遣についての説明	新たな融資先の開拓について（専門家派遣）	事業計画書作成について 顧問契約依頼	顧問契約	税理士からの紹介
サロン・ドゥ・西山	ホームページ	資金調達に強い専門家をインターネットで検索中に発見	窓口相談 お金の借り方について	融資申込み書作成のポイント 資金調達コンサルティング依頼	金融機関提出用資料作成	資金調達コンサルティング（単発）	専門家派遣

手を動かしてアウトプットすることで、考えがまとまりやすくなる

証・分析した結果、この傾向が見えたのです。そのほか、**「商工会議所主催の異業種交流会で知り合って」「賀詞交換会で」「助成金セミナーで」「事業承継イベントで」**、あるいは**「特定の異業種の士業の先輩が紹介してくれることが多い」**など、誰にでもそれぞれの得意とする「入り口」があり、勝利の方程式があります。

今までの仕事や顧客獲得の経緯に共通するキーワードを見つけるために、上のような**顧客獲得経緯一覧表**を作成してみてください。自分のセミナーの受講者が多いならセミナー回数や定員を増やす、異業種交流会の参加者が多いならもっと多くの交流会に出るようにする、セールストークでかならず効くキラーフレーズを強化するなど、効率アップのためにすべきことが見えてきます。

公的支援機関で専門家登録をしておく

セミナーや交流会などで知り合った見込み客を顧客化するために、次の段階として必要なのが、無料相談や無料コンサルなどで自分の力を見てもらうことです。しかし「無料相談」という言葉に売り込み色を感じて相談に二の足を踏む見込み客は少なくありません。そのときに役立つのが、商工会・商工会議所・中小企業支援センターなど公的支援機関への専門家登録です。登録後は、「○○商工会議所登録専門家」と名乗る（名刺に書く）ことができます。

公的支援機関を通せば相手も安心して相談できる

交流会などの場で経営者から悩みを聞いていても、周りに大勢いると詳しく相談にのることができません。後日「あのときお話しになっていた件、今度お伺いして……」と連絡する方法はすでにお話しした通りですが、その場で「私は○○商工会議所に専門家登録をしているので、そちらを通せば無料でご相談いただけます」と伝えると喜んでもらえます。

「得体の知れない人ではなく**公的機関に登録しているきちんとした専門家**」と安心できるうえ、「相談料は無料ですが、私は○○商工会議所から報酬をいただいていますのでお気遣い無用ですよ」と知らせれば、相手の心理的負担も軽くなります。3回程度は無料で相談を受けられる中小企業支援機関は多く、3回も会えば相手との距離はかなり近づきます。そこで問題を解決できれば信頼度は上がり、その後の顧問契約につながりやすくなるでしょう。実際に私もある中小企業支援機関で登録専門家をしているとき、「専門家派遣事業」で相手の企業に3回ほど通い、その後、顧問契約に至ったことが10件以上ありました。

登録する公的支援機関はなるべく多く

一定時期に募集告知するところもあれば、相談者から指名された専門家に『当所の専門家に登録してくれませんか』と呼びかけたり、随時登録受付可とする支援機関もあります。まず目当ての中小企業支援機関に出向き、「専門家（アドバイザー）登録をしたいのですが」と尋ねましょう。多くの支援機関に登録すれば多くの地域の人々の相談を受けられるので、（通える範囲で）**登録できるところはすべて登録**しましょう。ただし登録後に相談者を紹介してもらえることはまずないので、前述のように自ら見つけた相談者に「○○支援機関の専門家相談制度を利用しませんか」と呼び込む「入り口」としての活用が現実的です。

機関名	郵便	所在地	tel
（公財）ふくい産業支援センター	910-0296	坂井市丸岡町熊堂第3号7番地1-16(ソフトパークふくい 福井県産業情報センタービル内)	0776-67-7400
（公財）滋賀県産業支援プラザ	520-0806	大津市打出浜2番1号 コラボしが21・2階	077-511-1410
（公財）京都産業21	600-8813	京都市下京区中堂寺南町134	075-315-9234
（財）奈良県中小企業支援センター	630-8031	奈良市柏木町129-1 なら産業活性化プラザ3階	0742-36-8310
（公財）大阪産業振興機構	540-0029	大阪市中央区本町橋2-5 マイドームおおさか内	06-6947-4324
（公財）ひょうご産業活性化センター	651-0096	神戸市中央区雲井通5-3-1 サンパル6階、7階	078-230-8040
（公財）わかやま産業振興財団	640-8033	和歌山市本町2-1 フォルテ・ワジマ6階	073-432-3412
（公財）鳥取県産業振興機構	689-1112	鳥取市若葉台南7-5-1	0857-52-3011
（公財）しまね産業振興財団	690-0816	松江市北陵町1番地 テクノアークしまね内	0852-60-5110
（公財）岡山県産業振興財団	701-1221	岡山市北区芳賀5301 テクノサポート岡山内	086-286-9664
（公財）ひろしま産業振興機構	730-0052	広島市中区千田町三丁目7-47 広島県情報プラザ内	082-240-7700
（公財）やまぐち産業振興財団	753-0077	山口市熊野町1番10号 ＮＰＹビル10階	083-922-3700
（公財）とくしま産業振興機構	770-0865	徳島市南末広町5-8-8 徳島経済産業会館2F	088-654-0101
（公財）かがわ産業支援財団	761-0301	高松市林町2217番地15 香川産業頭脳化センタービル	087-840-0348
（公財）えひめ産業振興財団	791-1101	松山市久米窪田町337-1 テクノプラザ愛媛内	089-960-1100
（公財）高知県産業振興センター	781-5101	高知市布師田3992-2	088-845-6600
（財）福岡県中小企業振興センター	812-0046	福岡市博多区吉塚本町9-15 福岡県中小企業振興センタービル6階	092-622-6230
（公財）佐賀県地域産業支援センター	849-0932	佐賀市鍋島町八戸溝114	0952-34-4411
（財）長崎県産業振興財団	850-0862	長崎市出島町2-11 出島交流会館6F・7F	095-820-3838
（財）くまもとテクノ産業財団	861-2202	上益城郡益城町大字田原2081-10	096-286-3311
（公財）大分県産業創造機構	870-0037	大分市東春日町17-20 ソフトパークセンタービル	097-533-0220
（財）宮崎県産業支援財団	880-0303	宮崎市佐土原町東上那珂16500-2	0985-74-3850
（財）かごしま産業支援センター	892-0821	鹿児島市名山町9-1 鹿児島県産業会館2階	099-219-1270
（公財）沖縄県産業振興公社	901-0152	那覇市小禄1831-1 沖縄産業支援センター4階	098-859-6255

全国都道府県等中小企業支援センター一覧表

機関名	郵便	所在地	代表tel
(公財)北海道中小企業総合支援センター	060-0001	札幌市中央区北1条西2丁目 経済センタービル	011-232-2001
(公財)21あおもり産業総合支援センター	030-0801	青森市新町二丁目4-1 青森県共同ビル7階	017-777-4066
(財) いわて産業振興センター	020-0852	盛岡市飯岡新田3-35-2 岩手県先端科学技術研究センター2階	019-631-3820
(公財)みやぎ産業振興機構	980-0011	仙台市青葉区上杉一丁目14-2 宮城県商工振興センター3階	022-225-6636
(公財) あきた企業活性化センター	010-8572	秋田市山王三丁目1-1	018-860-5603
(財) 山形県企業振興公社	990-8580	山形市城南町1-1-1 霞城セントラル13階	023-647-0660
(公財) 福島県産業振興センター	960-8053	福島市三河南町1番20号 コラッセふくしま6階	024-525-4070
(公財) 茨城県中小企業振興公社	310-0801	水戸市桜川二丁目2-35 茨城県産業会館9階	029-224-5317
(公財) 栃木県産業振興センター	321-3224	宇都宮市刈沼町369-1 とちぎ産業創造プラザ内	028-670-2600
(公財) 群馬県産業支援機構	371-0854	前橋市大渡町一丁目10-7 群馬県公社総合ビル2階	027-255-6500
(財) 埼玉県産業振興公社	330-8669	さいたま市大宮区桜木町1-7-5 ソニックシティビル10階	048-647-4101
(公財) 千葉県産業振興センター	261-7123	千葉市美浜区中瀬2-6-1 WBGマリブイースト23階	043-299-2901
(公財) 東京都中小企業振興公社	101-0025	千代田区神田佐久間町1-9	03-3251-7886
(公財) 神奈川産業振興センター	231-0015	横浜市中区尾上町5-80 神奈川中小企業センタービル内	045-633-5000
(財) にいがた産業創造機構	950-0078	新潟市中央区万代島5番1号 万代島ビル9階	025-246-0025
(公財) 長野県中小企業振興センター	380-0928	長野市若里1-18-1 長野県工業技術総合センター3階	026-227-5803
(公財) やまなし産業支援機構	400-0055	甲府市大津町2192-8	055-243-1888
(公財) 静岡県産業振興財団	420-0853	静岡市葵区追手町44-1 静岡県産業経済会館4階	054-273-4434
(公財) あいち産業振興機構	450-0002	名古屋市中村区名駅4-4-38 愛知県産業労働センター14・15階	052-715-3061
(公財) 岐阜県産業経済振興センター	500-8505	岐阜市薮田南5-14-53 県民ふれあい会館10階	058-277-1090
(公財) 三重県産業支援センター	514-0004	津市栄町一丁目891 三重県合同ビル内	059-228-3321
(財) 富山県新世紀産業機構	930-0866	富山市高田527番地 情報ビル内	076-444-5600
(財) 石川県産業創出支援機構	920-8203	金沢市鞍月二丁目20番地 石川県地場産業振興センター新館内	076-267-1001

学ぶ「テーマ」と「期間」を決める

最新の情報や知識を持つ専門家であり続けるには、学び続けることが欠かせません。これまでお話ししてきたセミナーや勉強会以外にも、もちろん学ぶ場はいくらでもあります。

まずは漫然と学ぶのではなく、テーマを決めましょう。私は**１年ごとに区切って**、自分の学ぶテーマを決め、関連のセミナーや勉強会、講座に参加したり、書籍やＣＤ、ＤＶＤで勉強したり、また、テーマに関する**現場に足を運んで**学び続けています。

４年前は「コーチング」がテーマでした。コーチングの**スクールに入学**し、本格的に学びました。もちろん関連書籍も数多く読み、セミナーへも多数参加。その甲斐あって会話力が高まり、顧客満足度もアップ。経営者から「社内で『話の聴き方』研修をしてほしい」という依頼も入りはじめ、現在、コーチング研修は私の収益の柱のひとつになっています。

３年前のテーマは、以前から希望していたものの、どうすればいいのかわからず夢を夢のままにしていた「出版」。３年前の年明けに、「今年こそ出版！」と年間目標を設定しました。その後ことあるごとに「出版したい」と公言していると有用な情報も集まり、**自分の情報アンテナも「出版」に集中**しました。そうするうちにある出版社の「出版会議合宿」に参加する機会に恵まれ、プレゼンした出版企画が通って1冊目の出版が決まったのです。

２年前のテーマは「講師力の向上」。当時、年間１２０本以上のセミナーや研修・講演を行なっていたのですが、そろそろ自分のセミナー技術の見直しが必要だと思ったのです。数々の講師養成講座に参加し、さらに良質なセミナー方法や、本当に望まれている新しいテーマ、より聞きやすい雰囲気づくりなどを1年かけて研究した結果、**今までと違う顧客層**からのセミナーや講演依頼、リピートや紹介が増加して、新たなビジネスにもつながりました。

昨年のテーマは「提携力の強化」。「多彩なチャネルから仕事を獲得するなら、自分ひとりではなく『提携（ＪＶ＝Joint Venture）』が重要」という話を新春セミナーで聞き、心から納得できたのです。このテーマについては、書籍やセミナーだけではなく、実際に提携を数多く行なって仕事を獲得している人々を訪ね、現場で実践的に教わりました。それで得られたノウハウを利用して提携に成功しただけでなく、**学ぶ課程で知り合った人々**からの紹介で、さらに多くの提携先とつながり、仕事の幅がグンと広がりました。

今年のテーマは「人材育成」。社員だけでなく、もちろん、自分自身の育成も含めて、です。

「モチベーションの素」をコツコツためる①

「喜びの声」を集める

人脈づくり、仕事獲得のために日々努力していても、すぐに結果が出ず、時にはモチベーションが下がることもあるでしょう。そんな状況に負けないためにぜひ実践しておいていただきたいのは、自分の「モチベーションの素」を用意しておくことです。

私のモチベーションが一番上がるのは、自分の原点や顧客への思いがエピソードとともに綴ってある「私について」のテキストを読み返すことですが（詳細は46〜53ページ）、ここでは別のモチベーションアップ法をお話ししましょう。

「○○さんの提案内容を伺うと、親切なお人柄が出ているなあと思うんです。いつも説明が丁寧ですよね」など、感謝の言葉をもらえると、誰でも「またがんばろう」と思えるのではないでしょうか。つまりモチベーションの素は、感謝の言葉や喜びの声。たとえばセミナーを行なったら、まずは**アンケート**で受講者の声を集めましょう。また、勉強会の参加者や顧客から直接、感謝の声を聞いたときは、忘れないうちに取り急ぎ**手帳などに書きとめて**おくこと。やる気が持てないとき、自信を失ったときに読み返せば、たちまち力が湧いてきます。

「喜びの声」は、あなたの強みポイントでもある

顧客の「喜びの声」には、「あなたが相手を喜ばせたことは何か」が具体的に示されています。私の場合だと、満足度の高かったセミナー参加者のアンケートに「こういうところが素晴らしかった。ああいうノウハウに感動した」とポイントを突いて書かれてあります。「こういうところ」や「ああいうノウハウ」が私の強みであり、差別化ポイント。そのポイントを次回以降のセミナーで強化すれば、参加者の満足度がさらに上がることがわかります。また、**自分が考えていた強みと相手が喜ぶポイントが違うケース**が往々にしてありますので、顧客の声をまとめながらそのズレを是正することもできます。喜びの声を集めたら、**自分のサイトやチラシなどに掲載して外部へ発信**しましょう。自分の強みを自分の言葉でアピールすると「ああ、宣伝か」と読み流されることもありますが、第三者の声には説得力があり、真剣に受け止めてもらいやすいのです。

モチベーションアップ、戦略の見直し、広告フレーズにもなる喜びの声。アンケート用紙などに書いてもらったものをそのままバラバラに保管しておくのではなく、**言葉だけを集めて一覧表をつくり**、新しい褒め言葉をいただいたらその都度、書き足すのを忘れずに。

「モチベーションの素」をコツコツためる②

自分の年表をつくる

「モチベーションを高めるために、自分が成功している姿をイメージしなさい」と、よく言われます。「未来のイメージ」が「現在の行動」の背中を押す効果は私も感じるのですが、現実問題として「成功して周りに祝福され、飛び上がって喜んでいる自分」をイメージするなんて、相当に想像力がたくましくないとなかなかできないと思うのです。そう、未来を想像するのは難しい。でも、過去を思い出すことなら、いかがでしょうか？

あまり昔までさかのぼる必要はありません。社会人デビューのころからで十分です。失敗談はさておき、**いいことばかりを思い出しましょう**。よく考えないまま「いいことなんてなかった」と投げ出さず、きちんと時間を確保して真面目に取り組んでください。

イメージしやすいように例を挙げましょう。

先の見えない就活を乗り越えて就職できたときのこと、スーツ姿の初出勤日に親が喜んでくれたこと、初めての給料日、初めて先輩や上司に褒められたこと、初めて先輩の力を借りずに契約が取れたときのこと、同僚が残業中なにげなく口にした自分への褒め言葉、顧客に「君がいてくれて助かった」と感謝されたこと、会議でちょっと格好いい発言ができたこと、日々の業務に対する鋭い指摘で周りの尊敬を（たとえ少しでも）集めたこと、客先でうまくプレゼンできたこと、服装センスを褒められたこと、提案がプロジェクトメンバーから賛同してもらえたこと、後輩から頼りにされて相談されたこと、難関の資格試験に合格したときのこと、独立前に会社を辞めたとき同僚からもらった言葉……思い出すごとに、**時系列で紙に書き出しましょう**。

❗自分の年表＝褒められた経験

つくりながらその時々の光景とともに感情もよみがえり、きっとあなたは楽しくなってくるはずです。自分の年表とは、褒められた経験のリスト。その一つひとつの内容は、前項と同様、あなたの強みでもあるのです。今日までの年表をつくり終えたとき、もしかしたら少しでも未来の自分の成功イメージが湧きやすくなっているかもしれません。これからも「褒められたこと」があったら、**忘れないうちに年表に書き足して**いってください。落ち込んだときに目を通せば、かならずあなたを力強く支えてくれます。

10章

立場別・お近づきになる方法

同業の先輩（タテ人脈）は「教わる」態度で

相手のタイプによっては接し方も変わります。本章でお話しするのはほんの一例に過ぎませんが、ぜひ参考にしてみてください。同業の先輩は、しばしば仕事を回してくれるだけでなく、多くのことを学ばせてくれる貴重なタテ人脈です。

特徴：不得意分野の仕事を回してくれやすい

キャリアが長いので仕事量もそれなりにあり、不得意分野の業務を同業仲間に振ることも少なくありません。下請け仕事が中心になりますが、経験が積めるのはありがたい話です。

どう知り合う？：機会も方法も多彩

士会の勉強会や研修会・士業向け開業塾などの勉強会・異業種交流会・士業が講師の講演会やセミナー・知り合いや友人からの紹介・資格受験機関の講師にお礼と挨拶に伺う・ネットでブログなどを読んで気に入った人にアポを取る……など豊富です。

1回目の接し方：いい格好しなくていい

大切なのは、「教わる」という態度で接すること。「開業したてで何も知らず、ご指導いただけると助かります」と挨拶すれば、快く面倒を見てくれる人は意外に多くいます。

2回目の接し方：疑問、質問を尋ねに事務所を訪問

業務上の疑問、質問などがまとまった時点で「仕事でお尋ねしたいことがいくつかあるのですが、ご都合のよい日時に事務所にお伺いしてもよろしいでしょうか」と尋ねてください。あなたの真剣味に、相手も誠実に答えてくれるでしょう。帰り際に「またわからないことがあれば聞きにきてもよいでしょうか」と言えば、再会はスムーズになります。

3回目の接し方：積極的にお手伝いを

「教える」「教わる」の良好な関係ができれば、「何でもお手伝いします」という意思表示を。先輩のセミナーをスタッフとしてサポートしたり、手が足りないときの雑務を引き受けたりしましょう。身内だと思ってもらえるくらい近い関係を目指してください。

4回目以降の接し方：仕事の紹介のお願い

親密な関係ができたら、「何か仕事があれば紹介してもらえませんか」とお願いしてもいいと思います。頼まれれば、あなたに紹介できる仕事がないかを意識してくれるようになるでしょう。あまり厚かましく言うと関係を壊してしまうので、頼み方には十分な節度を。

異業種の先輩（ナナメ人脈）とは相手が講師の勉強会で

ナナメ人脈とは、業種も年齢も違う関係のこと。あなたが税理士なら相手は社会保険労務士や行政書士、中小企業診断士など。まずはキャリアの長い人と仲よくなりましょう。

特徴：下請けではなく正式な仕事の紹介が起こりやすい

顧客から専門外の相談をされるとたいていは懇意の専門家に話を回すので、仕事を紹介してもらいやすいでしょう。下請けではなく正式な仕事依頼なのもうれしい点。異業種ですから相手の仕事への理解が必要ですが、ぜひ関係を深めたい相手です。

どう知り合う？：相手が講師を務める交流会や主催セミナーで

活躍している人はあまり交流会には参加しませんが、講師を務めることは多いようです。また、セミナーや勉強会を主催していることも多いので、足を運べば知り合えます。

1回目の接し方：名刺交換は最後に

講師を勤めているセミナーや勉強会に参加し、名刺交換の列の最後に並ぶこと。名刺交換希望者の列のなかに紛れず、後ろに誰もいないので、ゆっくり話せて相手の印象に残りやすいからです。「今日の内容を顧客にも伝えたいので、また質問などでご連絡させていただいてもよろしいですか」と尋ねれば、相手はまずＮＯとは言いません。

2回目の接し方：疑問、質問を尋ねに事務所を訪問

1週間以内に質問を揃え（あまりレベルの低い質問は失礼なので、内容は十分検討しておくこと）、「お近くに行く用事がありますので質問に伺ってもいいですか」「ご都合のよい日程に私の用事も合わせますからご指定ください」と申し入れましょう。訪問時間をこちらで指定できるなら夕方にしておいて、面談終了後に食事に誘ってもいいと思います。ＮＧだったら「ではまた次の機会に」と次の再会のチャンスにつなげることができます。

3回目の接し方：講師を依頼

次項で説明するヨコ人脈の士業や知り合いの経営者を集めて勉強会を企画し、講師として声をかけます（報酬が必要）。「電話では失礼なので訪問したい」と言ってもよいでしょう。

4回目以降の接し方：打ち合わせやお礼訪問など

勉強会の打ち合わせやお礼のご挨拶で訪問機会が増えます。ある程度関係ができれば、「○○のお仕事があれば…」「顧問先で○○士の需要があれば…」と切り出してもいいでしょう。

専門家名	どのようなニーズに対応できるのか
公認会計士	・会社でつくった決算書に問題がないか、チェックしてほしい ・会社の本当の値打ちを知りたい ・株式公開のための相談にのってほしい ・経営計画を作成するためのお手伝いをしてほしい ・財務的な視点から経営相談にのってほしい
司法書士	・サラ金に多く支払った利息を取り返してほしい ・不動産登記をしたい ・役員の変更をしたい ・アパートの住人が半年もためている家賃を払ってもらいたい ・会社をたたみたい
中小企業診断士	・事業計画づくりの手伝いをしてほしい ・会社の売上や収益を上げたい ・販路開拓の手伝いをしてほしい ・新たな収益となる新規事業を開発したい ・二代目経営者を鍛えてほしい

各専門家が「できる」こと

専門家名	どのようなニーズに対応できるのか
税理士	・記帳・税務申告が大変なので代わりにやってほしい ・支払う税金を少しでも安くしてほしい ・税務調査に対応してほしい ・経営や税務に関するアドバイスがほしい ・税理士に支払う報酬を安くしたい
社会保険労務士	・問題社員をトラブルなしでやめさせたい ・残業代を節約する方法を知りたい ・自分の会社がもらえる助成金を知りたい ・労働基準監督署への対応をしてほしい ・人材募集・人事制度・就業規則に関する相談がしたい
行政書士	・会社をつくりたい ・飲食店や遊技店を開店したい ・遺言書をつくりたい・相続手続きをしたい ・建設業の経営事項審査申請を上手にしたい ・契約書をつくってほしい

同時期デビューの人（ヨコ人脈）とは異業種交流会で

ヨコ人脈とは、同時期に独立した、年齢的にも近い人。上下関係はほとんどなくフランクにつき合えます。仕事の紹介が起こりやすいのは、同業より異業種でしょう。

特徴：仲よくなりやすく心強い仲間

同じようなキャリアですから顧客層も似ていて（一人事業主や零細企業など小規模）、紹介は広がりにくいのですが、同時期に独立して同様の苦労をしているため、結びつきは強くなりがち。ひとたび紹介案件が発生すれば声をかけてもらいやすい人脈でもあります。

どう知り合う?：異業種交流会

圧倒的に多いのが異業種交流会での出会い。キャリアの浅い士業は異業種交流会によく参加します。同じような目的をもった参加者がほとんどなので、仕事につながることは少ないのですが、ネットワークを組める他士業の専門家は簡単に見つけることができます。

1回目の接し方：相手のことを知ろう

交流会で「気が合いそう」「うまくやっていけそう」と思う人と会えたら、30分くらいは時間をかけて話したいもの。あなたは聞き手、相手にたくさん話してもらいましょう。どんな勉強会やセミナーに興味があるか尋ねておくと、「また一緒に」と誘いやすくなります。

2回目の接し方：勉強会やセミナーへ一緒に参加

相手の興味のある勉強会やセミナーを探して「ご一緒しませんか」と連絡すれば、都合が悪くないか、あなたが嫌われていない限り同行できるでしょう。その場や懇親会などで会話を重ねて距離を縮め、「こんど事務所を訪問してもいいですか」と再会につなげます。

3回目の接し方：情報交換を目的に事務所を訪問

互いの得意な仕事や顧客からの相談ごとなど、情報交換を目的に相手の事務所を訪問します。今のところお互い紹介する仕事が少なくても、相手を必要とする機会が将来は出てくるでしょう。そのためにも相手への理解を深めておきたいものです。

4回目の接し方：ヨコ人脈を広げよう

ふたりを中心にヨコ人脈の仲間を増やし、「自主勉強会」を定期的に開催したり、士業のワンストップサービス体制も構築できます。私の知り合いの税理士は「ヨコ人脈チーム」をつくって金融機関にアプローチし、講師や顧客など仕事の紹介をもらっています。

後輩とは士業主催の勉強会で

同業の後輩から仕事につながることは少なくありませんし、単にお手伝いするだけでもあなたの経験は豊かになります。さらに「仕事を教える」となれば、自分の知識を復習するよい機会になるでしょう。一方、異業種の後輩だと、仕事にはつながりにくいかもしれません。が、相手の仕事内容や顧客への対応法など**多くを学べる相手**でもあります。また、あなたが他の同業者にはない専門性を持っていれば、やはり仕事の紹介は起こりえます。同業の後輩と同様、「将来一緒に仕事をするかもしれない仲間」として接したいものです。

特徴：「経験がないので一緒にやりませんか」と言われる関係を目指そう

独立直後は自信がなく、未経験業務には腰が引け気味。「経験のために引き受けましょう」と背中を押し、「わからないことは相談してくれたらいいし、ご希望なら私が同行してもいいですよ」とサポートの気持ちを伝えましょう。気軽に相談できる相手だとわかってもらえたら、「一緒にやってもらえますか」とに声をかけてくれる関係が築けます。また、仕事の情報も集まりやすくなるので、なかにはあなた向きの業務が混じることもあるでしょう。

どう知り合う？：士会での勉強会で

不足がちな知識や経験を補うべく、士会主催の実務勉強会には積極的に出向きます。あなたは講師、アシスタント、世話役などとして参加すればスムーズに出会えるでしょう。

1回目の接し方：親切にサポート

講師、アシスタント、世話役などとして面倒見よくアドバイスしましょう。「わからないことがあればいつでも相談にどうぞ」のひと言で、安心して頼りにしてくれると思います。

2～4回目の接し方①：後輩向け勉強会を企画して招待

独立してまもない同業者を対象とした勉強会を企画して招待しましょう。フリーディスカッション形式にすれば主催者はとくに事前準備の必要はなく、開業したばかりの士業はわからないことばかりですから、質問が出なくて困ることもありません。

2～4回目の接し方②：顧客訪問時に声をかける

顧問先の許可がもらえたら、後輩を同行して現場を見せるのもよいでしょう。他人の仕事現場を見る機会などあまりありませんから、大変喜ばれます。また、長時間接することにもなりますので、関係はより強固になっていきます。

中小企業の経営者とは高額セミナーで出会う

続いて、メインターゲットの中小企業の経営者です。

特徴：気に入ってもらえたら仕事依頼まで話が早い

従業員１００名くらいまでの企業なら、士業選びも経営者の意向次第。「自分が見つけた」「つき合う価値があると判断した」「気に入った」などの理由で人を選んだり、変更することもしばしばあります。

どう知り合う？：高額勉強会がおすすめ

勉強熱心な経営者はセミナーや講演会、研修によく参加します。比較的高額な研修や勉強会なら意識の高い人が多く、少人数で長時間接するので親密な関係がつくりやすいでしょう。

1回目の接し方：勉強会で近くに座る

最初の自己紹介でターゲットを決め、席替え時には（高額セミナーでは席替えが頻繁にあります）なるべく近くに座るようにしましょう。隣だとベスト。ペアのワークを行なうことが多いため、自然と会話量が増えて互いの理解が深まるからです。終了後に懇親会がなければ、あなたが音頭をとって参加者に声をかけましょう、ターゲットが懇親会に参加するなら、そこでもぜひ近くの席を確保しましょう。別れ際には「また、今後ともよろしくお願いします。一度、会社にもお伺いしますね」と再会をほのめかしておきましょう。

2回目の接し方：会社訪問

出会いから1週間以内に連絡し、「近くに行く用事があるのですが…」と企業訪問のアポを取ります。ふたりが参加した研修会について話せば自然に場は盛り上がるでしょう。聞き役を心がけ、けっして自分を売り込まないこと。ただ面談のどこかで「私どもの事務所でも経営者対象の勉強会があり…」と自分が主宰する勉強会について（なければ企画すること！）紹介しましょう。「よろしければご招待しましょうか」と誘い、次回につなぎます。

3回目の接し方：自分の勉強会に招待

勉強会に経営者が参加。懇親会を設定しておけば、より距離が縮まります。

4回目以降の接し方：勉強会の固定メンバーに

次の勉強会にも招待し、レギュラーメンバー化を促します。何度も顔を合わせれば、経営相談に乗る機会も訪れるでしょう。その過程で仕事を得る機会はいくらでもあります。

大きな会社の経営者とは紹介が一番スマート

上場企業だと、事務所の業務遂行能力なども重要な要素なので、仕事獲得は容易ではありません。ここで言う「大きな会社」とは、従業員１００名以上の企業を指します。

特徴：それでも決定権は経営者にあり

すでに顧問士業が入っていて、打ち合わせで普段接しているのは社内の担当者。しかし「誰に頼むのか」という決定権は経営者にあるので、パイプを持っておきたいものです。

どう知り合う？：やっぱり紹介

ほとんどの場合、紹介です。目当ての会社があれば「○○会社の経営者をご存じなら…」、なければ「○名規模の会社の経営者をご存じなら…」と顧問先や前の勤務先の上司や先輩、また学校の同級生や先輩に声をかけてみましょう。

1回目の接し方：話は紹介者に任せて

紹介者とともに指定する場所に足を運びます。自分ではなく、紹介者に自分のことをうまく話してくれるように頼んでおきましょう。押さえるべきポイントを紹介者にあらかじめ伝えておけば安心です。あくまでも控えめに接し、「また御社にご訪問してもよろしいでしょうか」と伺えば、紹介者の手前、相手も「ダメです」とは言いにくいと思います。

2回目の接し方：経営理念を聞きに訪問

「先日はご面談いただきありがとうございました。私は多くの企業の経営理念についてお尋ねしているのですが、よろしければ御社の経営理念についてもお聞かせくださいませんか」と連絡を入れてみましょう。経営者は自社の経営理念について思い入れが強いため、会ってもらいやすい話題です。アポなしの訪問は厳禁。当日は徹底して聞き役で。

3回目の接し方：レポートに目を通してもらう

前回訪問時に聞いた内容をレポートにまとめ、「経営者勉強会で発表したいのですが、内容のチェックをお願いしてもよいでしょうか」と再訪問のアポを取ります。

4回目の接し方：食事会など

紹介者に3名での食事会をセッティングしてもらってもいいと思います。すでに3回会っているので、話題には事欠かないでしょう。自分の仕事のことも少し話して、「同じような案件でお手伝いできるようなことがあれば」と控えめに言ってもよいと思います。

商工会・商工会議所は、先方主催のセミナーに出かけることから

商工会・商工会議所は、地域の多彩な業種・業態の商工業者を対象に、セミナー・講演会・講習会の運営、事業主・経営者に対しての相談及び指導などの支援を行なっています。

特徴：仕事をもらえる機会の多い組織

商工会や商工会議所のセミナーで講師をすれば、ブランディングに役立ちますし、経営相談を受ける専門家登録をしておけば見込み客と出会えます。ぜひパイプをつくりましょう。

どう知り合う？：商工会・商工会議所のセミナー

「講師」と「相談業務」はアプローチ法が違うのですが、「講師→相談業務」という流れもあるので、ここでは「講師」を目的に説明しましょう。いきなりセミナー企画書を担当者に送っても採用してもらえません。まず会って、あなたの話しぶりや人柄を知ってもらうこと。自分が講師をしたいと思っている商工会・商工会議所のセミナーに参加しましょう。

1回目の接し方：会場で担当者と名刺交換

セミナー会場にいる担当者（たいてい司会役）に感謝と感想を伝えながら名刺交換しましょう。「情報交換などで、また○○さん（相手の名前）をお訪ねしてよろしいですか」と聞けば、まず断られることはないので、「近いうちにご連絡しますね」と約束します。

2回目の接し方：地域のリサーチを目的に訪問

1週間以内に担当者にアポを取って訪問します。まだ関係ができていませんから自分を売り込まないこと。面談のテーマは、「地元の商工業者の現在の悩み」が最適。相手は現場の悩みをよく知っているので話しやすく、あなたもセミナーニーズを探れます。

3回目の接し方：相手のサービスについて問い合わせの訪問

「窓口相談」や「専門家派遣」など商工会・商工会議所のサービスについて問い合わせの訪問を。地元の自分の顧問先にすすめたい気持ちを伝えれば、喜んで教えてもらえます。

4回目の接し方：ようやくセミナー企画書を見せる

「他の商工会議所から頼まれたセミナー企画書なんですが…」と意見を求め、その後「ところで○○さんのところではどう思われますか」と聞きます。好感触なら検討をお願いし、NGなら「ではどういった企画なら…」とダイレクトにニーズを聞いて、そのニーズに沿った企画書を後日提出します。「人間関係をつくって→企画書を見てもらう」が王道です。

おわりに

人脈づくりとは、周りの人を大切にすること

直接の顧客、顧客になりそうな人を紹介してくれる人、お互いに高め合える仲間のような人など、仕事につながる人脈とは、「自分に『利』をもたらしてくれる人」を指します。しかし、その人と知り合ってから実際に利を得られるまで相当の時間がかかるのは、人間関係を築く方法を知らなかった過去の私はともかく、あなたはよくご存じでしょう。

自分と出会う人が顧客になるより、その相手を介した第三者、あるいはさらにその先にいる人々が顧客になることが多いものです。誰かと出会ったら、「この人を起点として1〜3人くらいを介した先に、顧客となりえる人がいる」と気長に構えようと私は肝に銘じています。利を急ぐとその下心はすぐ見透かされ、いま出会った目の前にいるその人との関係すら築けません。その人の向こうに大勢の人々がいることを忘れないでいようと思います。

仕事を紹介し合える関係になるためには、まずは出会うこと、そして時間をかけて会う回数を重ねること。本書にも二度三度と会う回数を増やす方法をたくさん書きました。

しかし結局のところ、自分の人脈が仕事につながるかどうかは、目の前の相手をどれだけ大切にできるかどうか、その一点にかかっています。なぜなら人は、自分の利しか考えていないような相手と、わざわざ時間を取って何度も会ったりしないからです。

つまり私が本書でご紹介したさまざまな方法は、周りの人を「大切にする方法」です。相手の美点を見つけ、相手の役に立ち、見返りは期待しないこと。難しいことですし、私自身もまだまだ道半ばですが、人間関係を育てる基本はそこにあるのだと思います。

大切にされたら、大切にしてくれたその人を大切にしたくなる。その人ばかりか、他の人も大切にしたいと思えるようになる。本書にある方法をひとつでもふたつでも実行すれば、それは巡り巡って、いつかあなたに返ってきます。本書をきっかけにあなたの仕事が豊かに広がり、未来へとつながっていけば、著者としてこれほどうれしいことはありません。

東川　仁

本書をお読みくださった方に
特別プレゼント

特典1　最新の情報をメールレポートにてご提供

士業・コンサルタントが仕事や顧問先を獲得していく上で必要な知識やノウハウ、資金調達・セミナー・出版などについての最新情報を、この本を購入の方に提供させていただきます。

特典2　企画書＆各種フォーマットデータプレゼント

本書内で紹介させていただいた、企画書＆各種フォーマット（「私についてプロフィール作成シート」「初回訪問時話題調査票」「無料訪問相談券」「勉強会企画シート」他多数）のデータをプレゼントします。
プリントアウトすれば、そのまま、ご自分のツールとして使えます。

特典3　【クラブネクストフェイズ グループコンサルティング】にご招待します

本文の中で紹介しました、東京と大阪で毎月１回行なっている勉強会【クラブネクストフェイズ グループコンサルティング】に無料で招待させていただきます（非メンバーの参加は通常30,000円）。

【特別プレゼント】へご応募いただいた方へ毎月『グループコンサルティング参加募集メール』をお送りいたします。参加を希望される方は、当方指定のアドレスに「○月度グループコンサルティング参加希望」とお送りください。毎月抽選で４名さまをご招待させていただきます。
※お一人１回のみ参加となっています。

プレゼントの応募先はこちら

↓

http://www.npc.bz/book3/present/

■著者略歴

東川　仁（ヒガシカワ　ジン）

株式会社ネクストフェイズ代表取締役／中小企業診断士／繁盛士業プロデューサー

関西大学卒業後、地元地域金融機関に勤務。2000年12月に勤務先が破綻し、「カネなし」「資格なし」「人脈なし」「経験なし」の状況で経営コンサルタントとして独立。独立当初3年近く「食えない」時期が続いたが、リアルコンタクトを続けていくことで、独自の人脈やノウハウを構築。現在は仕事の2割をセミナー経由で、8割を紹介経由で獲得している。

年間150回以上のセミナー・講演・研修をこなすかたわら、数多くの金融機関や士業・コンサルタントに対して積極的に支援。主宰する「クラブネクストフェイズ」という士業・コンサルタントのコミュニティでは、参加者同士の紹介や提携による新規顧客獲得や報酬の増額といった成功事例が数多く生まれている。

著書に『90日で商工会議所からよばれる講師になる方法』『銀行融資を3倍引き出す！ 小さな会社のアピール力』（ともに同文舘出版）、『士業のための「生き残り」経営術』（角川フォレスト）がある。

【問合せ先】

株式会社ネクストフェイズ

〒564-0051　大阪府吹田市豊津町40-6-302

TEL：06-6380-1259　　e-mail：info@npc.bz

http://www.npc.bz/

Facebookページ　https://www.facebook.com/npc.bz

依頼の絶えないコンサル・士業の

仕事につながる人脈術

平成24年6月8日　初版発行

著　者 ―― 東川　仁

発行者 ―― 中島治久

発行所 ―― 同文舘出版株式会社

東京都千代田区神田神保町 1-41　〒101-0051

電話　営業 03（3294）1801　編集 03（3294）1802

振替 00100-8-42935　http://www.dobunkan.co.jp

ISBN978-4-495-59851-8

印刷／製本：シナノ

Printed in Japan 2012